創意思考訓練—

創新概念 × 策略思考 × 活動演練
打造創造力的思考訓練課

周卓明　編著

全華圖書股份有限公司

U0059426

編輯大意

　　「創意思考訓練」其訓練宗旨，係希望透過課程講解、腦力激盪、遊戲、競賽、演練、表演與團隊合作等方式來啓發學員的自信心、創意思考能力、創造力與多元智慧能力，以及培養創意團隊的合作默契與互信。

　　「創意思考訓練」的教育目標爲：(1) 培養學員與團隊具有敏覺力（觀察力）、流暢力、變通力、獨創力與精密力（精進力）等面對問題之能力；(2) 發掘學員與團隊的冒險性、好奇心、挑戰性與想像力等解決問題之能力；(3) 培養學員與團隊從規劃（包括資料的蒐集、整合、分析）、執行到自我評鑑過程中應該達成目標之能力。

　　「創意思考訓練」其實施時數原則上是每週二～四小時，實施對象可爲學校師生、企業員工或一般社會人士。狀況許可時，可以每天抽出 30 分鐘來實施創意思考訓練或腦力激盪，形成一種習慣與文化。

　　「創意思考訓練」實施時，應該把握：(1) 主題明確；(2) 方法具體；(3) 少說多做；(4) 節奏流暢；(5) 見好就收之原則，使參與學員能達到「做中學、玩中學」之目的；必要時可以每年定期舉辦一次戶外旅遊式的創意思考訓練活動，可以讓學員達到「遊中學」之效果。

　　「創意思考訓練」講評時，應該把握：(1) 發掘優點；(2) 適時鼓勵；(3) 多多讚美之原則，讓參與學員在良好的學習氣氛下追求成長。

目次

創意概論

🎯 **訓練目標：**

　　熟悉創意是什麼、改變人類生活的創意、為何需要創意思考訓練與如何保護創意。

🔥 **訓練內容：**

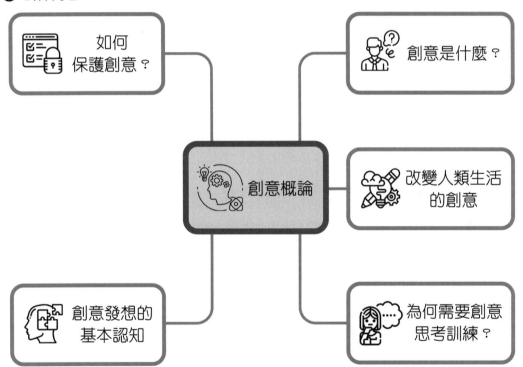

📖 **輔助設備與教材：**

1. 創意思考訓練教室或一般教室。
2. 液晶投影機與筆記型電腦各一部或多功能教學講桌。
3. A4 紙（三種顏色 A4 紙數張）、A1 壁報紙（每組數大張）、剪刀（美工刀或小刀）、膠水、彩色筆一盒（各組自備）。
4. 碼表一只（教師自備）。
5. 評分表、紙上測驗或線上測驗。

1-1 創意是什麼？

　　創意是什麼？創意就是一種改變人類生活或行為的思考活動或作為，而這種思考活動或作為，對人類生活或行為的影響可大可小、可長可短、可遠可近、可深可淺或可廣可窄。

　　創意是什麼？創意就是一種理性（左腦）或感性（右腦）的腦力活動，如語言、寫作、演算或邏輯推理的腦力活動（左腦），或如圖像、音樂、直覺、靈感的感性思考的腦力活動（右腦）。

　　創意是什麼？創意就是一種可以完成具體創作的想法，而這個想法所完成的創作包括文學、科學、藝術或其他學術範圍等，如語文、音樂、戲劇、舞蹈、美術、攝影、圖形、視聽、錄音、建築與電腦程式等。

　　創意是什麼？創意就是一種可以完成具體可行技術內容的想法，而這個想法所完成的具體可行的技術內容，係利用自然法則之技術思想所完成的創作，如發明專利；或利用自然法則之技術思想，對物品之形狀、構造或組合之創作，如新型專利；或是對物品之全部或部分之形狀、花紋、色彩或其結合，透過視覺訴求之創作，如設計專利。

　　創意是什麼？創意就是一種可以完成具有識別性標識的想法，而這個想法所完成的具有識別性的標識，得以文字、圖形、記號、顏色、立體形狀、動態、全像圖、聲音等，或其聯合式所組成。

　　創意是什麼？創意就是一種面對認清問題、分析判斷問題與處理解決問題的創造力，也可以說是一種面對認清危機、分析判斷危機與處理解決危機的創造力。

　　所以說，創意就是一種改變人類生活或行為的思考活動或作為，也是一種全腦性的活動，這個全腦性的活動可以促成著作、專利或商標的完成與實現；更是一種創造力的呈現，這個創造力有助於面對認清問題（危機）、分析判斷問題（危機）與處理解決問題（危機）。

1-2 改變人類生活的創意

　　創意來自於生活。自有人類以來，為了解決生存或生活問題、改善生活品質或提升生活水準，創意便源源不絕的產生，且不斷的進化，其對人類生活的影響至深、至遠、至廣，也各有得失與優缺點，如：

1. **火**：人類最早啟動的創意，迄今仍然還在使用中。優點是火可以用來取暖、照明、烹飪與對抗野獸或抵禦外侮。缺點是使用不當時會致災，另外其所排放的廢氣會製造空氣汙染，讓地球的暖化加速。

2. **鹽**：人類不可或缺的調味劑，迄今仍然還在使用中。優點是適當的使用可以讓食物更為美味；鹽也是天然防腐劑，可以將食物長久醃漬保存；另外鹽含有人體不可或缺的電解質，大量流汗後，要適當的補充鹽分，才不會造成小腿抽筋。缺點是使用過量有害健康，尤其是可能造成高血壓、腎臟負擔或心血管疾病。

3. **刀具**：人類狩獵、生活與工作不可或缺的工具。優點是效率高，缺點是使用不當時，會讓人受傷（圖1-1）。

4. **語言**：人類的溝通工具，包括肢體語言。優點是它可以讓人類的溝通更為明確與具體，避免誤會或曲解。缺點是不同族群其語言的表達方式各異，容易造成族群衝突。

圖 1-1 史前時代的石製刀具。

5. **文字**：人類進化的表徵，也是族群文化的傳承。優點是可以具體記錄人類生活、宗教、政治、科學或軍事活動。缺點是不同族群其文字的呈現方式各異，增加族群與文化認同的困難度（圖1-2）。

6. **紙張**：人類的文化快速擴散與傳承的起點。優點是它可以促進文化與經濟交流，並且讓文字或圖像可以具體詳細的記錄與保存下來；另外它還可以製成紙幣，促進交易與經濟發展。缺點是製造紙張時必須大量砍伐樹木，讓森林快速消失。

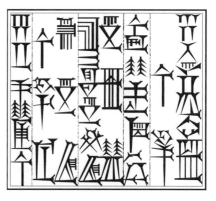

圖 1-2 蘇美文明的楔形文字。

7. **印刷**：人類的複製文化的起點。優點是可以大量的複製文字、圖像、書冊或藝術品，讓廣大群眾可以同時接受到相同文化的薰陶或學習到新的技術與知識。缺點是未經授權的著作，如被大量的複製，則會嚴重侵害到著作人的著作權（圖1-3）。

圖 1-3 古老的木製印刷機。

8. **貨幣**：使人類從此不再用以貨易貨的交易模式來從事經濟活動。優點是可以加速貨物的生產、製造與流通性，促進區域性或地緣性的經濟發展。缺點是各區域發行的貨幣無法廣泛的流通，不適合跨區域或跨國的貿易活動；另外如果沒有通用或統一的貨幣可用時，則有跨區域或跨國匯兌的損失。

9. **交通工具**：人類或貨物快速移動的起點。優點是讓人或貨物的交流或移動可以更快且更有效率。缺點是燃油或用電量激增，增加環境的負擔與空氣汙染。

10. **電燈**：結束人類單純用火或用蠟燭來照明的時代。優點是亮度高又安全。缺點是人類不再日出而作，日落而息，長時間的熬夜或工作造成生理時鐘錯亂，影響健康。

11. **交流電**：人類用電普及化的起點。優點是交流電的發電效率遠高於直流電，且其傳遞距離可以更遠。缺點是交流電比較危險，誤觸高壓電時會致命。

12. **半導體**：人類從類比時代進入數位時代的起點。優點是體積小、儲存量大、運算速度快，可以廣泛的被運用在科技產品上。缺點是資本支出高、技術門檻高、用水用電量高，製造過程的汙染性高，需投入大筆的防汙染設備與經費。

13. **電腦**：取代與超越人類左腦功能的起點。優點是可以有效率的從事大量、快速、準確的記憶、儲存、運算、分析或重複性的工作，加速產業自動化。缺點是產業自動化之後，人力需求降低，造成失業率越來越高。

14. **網路**：人類可以輕易取得大量資訊的起點。優點是資訊的取得與新聞的傳播可以更快速，不用再透過圖書館、報章雜誌或特殊管道才能獲得。缺點是網路的假訊息越來越多，資訊與新聞的真實性仍然必須透過使用者自行求證，另外智慧財產權被侵害的情況也越來越嚴重，許多著作人或著作權人的權益與辛苦的創作被輕易的盜用。

15. **塑膠**：人類生活不可或缺的原料之一。優點是質輕、耐用、用途廣。缺點是對自然環境與海洋生物的傷害非常大。

16. **化學肥料**：讓人類可以免於饑荒的重要發明之一。優點是可以用較低的成本大量與快速的生產農作物，避免糧食供應不足或不及。缺點是對自然環境的傷害非常大，且必須大量使用農藥。

17. **有機肥料**：可以改善自然環境的方法之一。優點是有益人體健康與避免對自然環境的傷害。缺點是生產成本高與效率低，無法滿足廣大的人口需求。

18. **電動機車**：人類短途移動的最佳代步車之一。優點是不會造成空氣汙染，且隨著電池交換站的普及，更換電池快速方便，免去耗時的充電流程。缺點是目前的使用費率比汽油機車高；另外是寂靜無聲的電動機車在巷弄中行駛，容易造成車禍（圖1-4）。

圖1-4 隨著環境保護意識的抬頭，電動車的使用越來越普及。

19. **電動汽車**：人類長途移動的最佳代步車之一。優點是不會造成大量的空氣汙染。缺點是目前沒有電池交換站可用，且充電站不夠普及，造成充電不便且耗時；另外是寂靜無聲的電動車在巷弄中行駛，容易造成車禍。

20. **銀行**：可以讓人類存款與借款的地方。優點是人類從事經濟活動所賺取的錢幣有了可以安心存放的地方，又有利息可賺。缺點是存款利息過低或通貨膨脹過高時，存款利息或錢幣貶值的速度永遠趕不上通貨膨脹的速度。

21. **股票**：人類所發明的合法有價證券之一。優點是可以向特定或不特定的對象募集資金，擴大公司的營運能力與改善公司的財務結構。缺點是當公司營運不佳或負債比過高時，該公司的股票便變得不值錢或被政府強制下市。

22. **債券**：人類所發明的另一種合法的有價證券。優點是政府或公司可以向特定或不特定的對象籌集資金，彌補政府財政赤字或改善公司的財務結構，擴大政府或公司的投資支出與解決暫時性的資金短缺等。缺點是當政府的稅收短缺時，必須不斷的**舉債**，用新債還舊債，會造成政府的財政赤字繼續擴大，變成債留子孫。至於公司營運不佳或負債比過高時，該公司隨時會宣布破產或倒閉。

23. **保險（年金）制度：**人類社會與生活互助的起點，也是改變人類生活的最佳社會福利制度之一。優點是人類的身家性命與健康可以更有保障，不會因為一次的意外而造成傾家盪產、老無所終或受困於貧病。缺點是投保人口過少或理賠金（年金給付）過高時，可能造成公司破產或國家負擔過重。

24. **X 光掃描儀（X-Ray Scanner）：**人類史上最偉大的發明之一。優點是可以透視人類的身體結構以及預防疾病與危險。缺點是過度的輻射線照射會造成組織病變或致癌。

25. **電腦斷層掃描儀（CT Scanner）：**X 光掃描儀的進化版。優點是可以快速且詳細的檢查，對早期的肺癌篩檢及心臟血管鈣化有很好的檢查效果。缺點是有輻射線，不適合經常照射，也不適合孕婦與發育中的小孩。

26. **核磁共振儀器（MRI）：**人類史上另一個偉大的發明。優點是可以清楚的分辨人類的腫瘤、血管、軟組織及骨骼、肌肉、韌帶等器官或組織，使用過程中不會產生危險的輻射線。缺點是人無法久躺、不適用裝有心律調節器患者與幽閉恐懼症患者。

27. **手機：**近代人類生活不可缺少的裝置之一。優點是體積小、方便攜帶、功能強大、操作便捷、應用程式廣泛（圖 1-5），如可以上網、可以從事社群活動、可以玩遊戲、可以通訊、可以行動支付、可以導航、可以照相、可以預報天氣、可以報時（且具有鬧鐘與計時功能）、應用程式眾多、可以計算、可以測距、可以定位、可以測海拔高度、可以監控健康狀態、可以連接行動手錶或其他行動裝置、可以追蹤自用車的位置、可以遠端監控、可以錄音、可以將檔案存在硬碟或雲端硬碟裡。缺點是手機使用過度，容易產生許多文明病，如無手機恐慌症、手機成癮症、干擾褪黑激素的分泌、五十肩、手機指、肩頸背、手部痠痛、近視、老花度數加深、黃斑部病變、白內障、乾眼症、記憶力衰退、提早腦部退化或有致癌的危機等。

圖 1-5 常用的手機應用程式。

28. **AI 系統：**近代最偉大的發明之一，如 ChatGPT。ChatGPT 是由 OpenAI 訓練的大型語言模型，它可以自動產生對話、回答問題、翻譯等（圖 1-6）。

ChatGPT 目前的優點有：

(1) 知識豐富：ChatGPT 基於訓練數據集，可以提供大量豐富的知識和信息，對用戶提出的各種問題有很好的回答。

(2) 能力強大：ChatGPT 可以快速回答問題，同時可以在不同領域進行對話，可以與不同背景和需求的用戶進行交流。

(3) 能夠學習：ChatGPT 可以通過訓練不斷學習和改進，不斷提升其性能，使其更適應不斷變化的需求和環境。

(4) 可應用廣泛：ChatGPT 的應用場景非常廣泛，例如客服、智能助理、聊天機器人、翻譯等，可以滿足各種需求。

ChatGPT 目前的缺點有：

(1) 容易出錯：ChatGPT 仍存在出錯的可能性，特別是當用戶提出的問題或需求複雜或不明確時。

(2) 沒有情感：ChatGPT 缺乏和人類的情感互動，無法完全理解用戶的情感需求，這在一些場景下可能會有所不足。

(3) 需要大量數據支持：ChatGPT 需要大量的數據作為訓練集，才能發揮最好的效果。

(4) 安全問題：由於 ChatGPT 可以自動生成文字，因此它可能被用於製作虛假消息、詐騙和其他不道德的用途，需要注意安全問題。

ChatGPT

圖 1-6　ChatGPT 是大型語言模型，可以自動產生對話。

1-3 爲何需要創意思考訓練？

從改變人類生活的創意來看，人類爲了解決生存或生活問題、改善生活品質或提升生活水準，絕大部分的創意是可以被激發出來的，不需要經過特別的訓練或教育。只是當運用具體且有效的訓練或教育方法時，則創意的激發可以更有效率與更具可行性，這也是創意思考訓練的必要性與重要性。根據筆者多年從事創意思考訓練的經驗來看：

① 創意思考訓練可以讓個人快速的成長與更具就業力

如圖 1-7 所示，曾經教育過的學生，其在校期間的課業成績表現平平，當選修創意思考訓練課程後，其創意思考能力與創造力大爆發，在校期間所申請的專利數量高峰達到 13 件之多。畢業後任職於科技公司，成爲該公司的重要研發人才；根據該公司的直屬主管表示，他被公司視爲最重要的研發人才與資產之一。

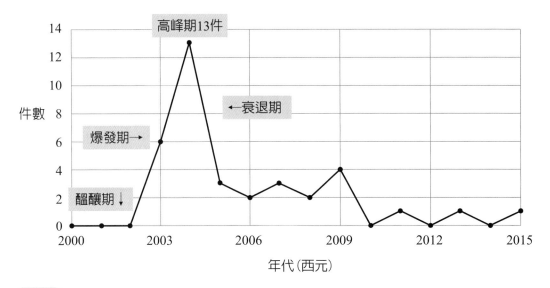

圖 1-7 創意思考訓練對個人的影響——專利申請分布圖。

② 創意思考訓練可以讓學校更具特色與招生力

如圖 1-8 所示，近年來少子化非常嚴重，學校的生源嚴重缺乏，不具特色的學校紛紛被強迫退場。而對於早期投入創意思考訓練的學校，不僅讓學校更具特色，也更具招生力，減緩了學校退場的速度，學生的註冊人數不但沒有減少，反而逆向增加。

圖 1-8 創意思考訓練對學校的影響——專利申請分布圖。

③ 創意思考訓練可以讓企業立於不敗之地

　　如圖 1-9 所示，多年前為國內某一企業從事創意思考訓練，該企業從創立到 2004 年前，專利申請數量並沒有非常明顯的增加或成長。直到 2004 年該企業大批員工接受創意思考訓練之後，其創意提案大量的爆發與快速的成長，其中 2008 年專利申請數量達到高峰，有 980 件之多。

圖 1-9 創意思考訓練對企業的影響——專利申請分布圖。

從圖 1-6 ～ 1-8 所示來看，個人、學校或企業，如果沒有經過創意思考訓練，其可量化的參考指標——專利申請數量，在醞釀期幾乎趨近於零。而一旦經過創意思考訓練，則專利申請數量幾乎是大爆發，呈現快速成長的狀態。只是後續的研發或申請經費無法持續挹注時，專利申請數量便開始衰退，但是無損受訓人員已被開發的創意思考能力與創造力。

另外，創意思考訓練不但可以提升個人的創意思考能力與創造力，還可以提升個人的自信心，一般人誤以爲創意發明是智商高或學業成績好的人的專利；然而受過創意思考訓練之後，便發現人人都有機會成爲愛迪生。根據多年**舉**辦全校性的創意提案競賽中發現，能得大獎者，其學業成績並非特別的突出。再者，創意思考訓練可以提升個人的就業力，一般重視專利的企業，在徵人時，具有該公司所需的核心技術或專利者必較具有被錄取的優勢。最後，我們發現重視創意思考訓練的公司，其員工的生產力與向心力會增高，流動率會較低，這就是爲何需要創意思考訓練，也是創意思考訓練的必要性與重要性。

1-4 如何保護創意？

近年來論文抄襲案因受到選**舉**的影響，被社會大眾廣泛的**關**注、討論與重視。事件的各個當事人都一再的辯稱自己才是論文的原創者，對於這種爭議，社會大眾只能信賴論文出版單位或司法單位的審判結果。但是對於原創者在論文尚未完成或發表前，我們可以採用一些措施來保護自己的創意。

① 撰寫研究記錄簿

藉由撰寫研究記錄簿的方式，可以清楚的將研究過程保存下來（圖 1-10 ～ 1-12）。其中研究記錄簿必須保持頁次的完整，不可撕頁或缺頁；記錄中不可使用鉛筆做最後的定稿，不可用修正液塗改；完稿後記得簽上日期，自己簽名，並找 2 位證人簽名，最後記得拍照存檔。如果依照研究記錄簿使用說明或前述的提醒，確實的撰寫，則任何創意、創作或專利技術都可以得到妥善的保護與保障，甚至於可以避免任何不法的侵權。

對於研發中的創意或尚未成熟的技術內容，撰寫研究記錄簿是一種非常好的習慣與保護機制。對於研發完成且具有技術內容的創作或短篇論文，可以透過研討會或期刊的發表方式來保護之。

研究記錄簿使用說明

壹、記錄目的：
撰寫紀錄之目的在於輔助捕捉瞬間靈感，累積經驗技術，承傳前人薪火，並可為未來法律事件做有力之佐證；本記事簿僅供研究群核定權責人員使用。

貳、記錄事項：
本記事簿不得撕頁並應每天記載有關下列各項研究工作及工程技術或行政業務等之心得、構想、創意、實驗、失敗經驗及檢討改進等記錄，包括：
一、機械、土木等結構草圖。
二、電路設計。
三、化學、化工配方、製程。
四、設計、交換因素及優先順序。
五、實驗似圖草圖及原始試驗數據。
六、規格及數值上之分析。
七、分析後之實驗數據、推論、改進意見及心得。
八、理想的實驗架構。
九、需要採購或設計的元件、架構、儀器。
十、流程圖、程序或力行操作。
十一、工程或研究上的改變。
十二、電話或重要談話、會議、信件等。
十三、採購單位廠商名稱、地址、電話、聯絡人。
十四、其他有關在工程及研究上具記載價值之數據及資料。
十五、行政業務記錄。

參、記錄方式：
一、應使用可長久保留筆蹟之書寫工具，如原子筆、鋼筆等，不可使用鉛筆。
二、每頁至少應填寫研究計畫編號，記錄人姓名及時間。
三、記載內容無一定格式，亦不必刻意講求工整，基本上以清晰易瞭解為原則。
四、研究記錄簿請儘量連續使用，中間不可留空白頁。
五、不可用黏貼的方式記錄，所有記錄均應直接記於內頁上，若必須黏貼，則應蓋騎縫章及簽名在騎縫處（包括本人及見證人私章或簽名）。
六、記錄錯誤時請用筆劃去即可，切不可撕頁、割掉、挖掉、貼掉，或用修正液塗掉。

肆、見證時機：
一、定期送請見證人見證及指導教授審閱。
二、遇有重大發現，發明、心得或創意等應即送請見證。
三、重大發明或發現必須有兩人以上見證，必要時應將有關之實驗在見證人面前重做一次。

伍、保密：
一、記錄簿非經研究群指導教授或單位負責人員許可，不得展示、影印，或對外揭露記載內容。
二、未經許可，不得擅自翻閱他人之研究記錄簿。
三、畢業、離職或本記錄簿繳回、換領，原登錄人可影印一份帶走，惟畢業或離職內兩年，未經原所屬單位之指導教授或負責人許可，不得展示或對外揭露記載內容，以維護專利權利。
四、本記錄簿一旦歸建研究群或單位檔案，未經研究群指導教授或單位負責人員許可，不得攜離檔案保存地點。

陸、領用歸檔與補發：
一、研究記錄簿之印製、保管、領用、歸檔及諮詢事宜，由研究群指導教授或單位指定負責人員負責。
二、本記事簿屬研究群或單位保管之智慧財產權。
三、新進研究人員報到一週內即可向研究群或單位申請領用，並登錄電腦資料庫。
四、記錄簿領用時，領用人應即在領用登記簿上簽名，並立刻在工作記錄簿填寫姓名及領用日期。
五、記錄簿用完時，領用人應即在領用登記簿上簽名，並立刻在工作記錄簿填寫姓名及領用日期。
六、研究人員應對工作記錄簿善盡保管之責，如有遺失、損毀情事，應即向研究群或單位報備，請求補發，並註明於電腦資料庫中。
七、研究人員離校或離職時應將工作記錄簿繳還研究群或單位歸檔，並進行電腦資料庫登錄，方可由研究指導教授、指定人員，或原單位負責人，指定人員簽名離校或離職。

柒、調閱：
研究人員因工作需要調閱自己或他人之已繳回檔案之工作記錄簿時，應向研究群或原單位借閱，並在指定地點閱讀。

圖 1-10 研究記錄簿使用說明。

目 錄 一

頁次	登錄日期	創作名稱	電腦資料庫檔名
1			
2			
3			
4			
5			
6			
7			
8			
9			
10			
11			
12			
13			
14			
15			
16			
17			
18			
19			
20			
21			
22			
23			
24			
25			

研究單位：＿＿＿＿＿＿＿＿＿＿＿＿＿＿＿

研究人員：＿＿＿＿＿＿＿＿＿＿＿＿＿＿＿

圖 1-11 研究記錄簿目錄。

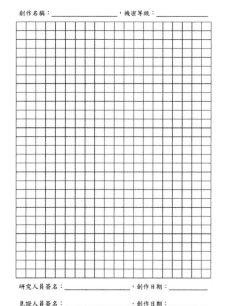

創作名稱：＿＿＿＿＿＿＿＿，機密等級：＿＿＿＿＿＿＿

研究人員簽名：＿＿＿＿＿＿＿＿，創作日期：＿＿＿＿＿

見證人員簽名：＿＿＿＿＿＿＿＿，創作日期：＿＿＿＿＿

見證人員簽名：＿＿＿＿＿＿＿＿，創作日期：＿＿＿＿＿

圖 1-12 研究記錄簿內頁。

② 先發表主義

對於碩博士論文，則以先發表主義為原則，誰先通過碩博士資格考與口試，以及發表於國家圖書館者，則可以取得優先權。至於後者不當的使用或引用，即是抄襲者。

③ 國際標準書號（ISBN）

對於長篇著作或書冊，則可以透過國家圖書館來取得國際標準書號（ISBN：International Standard Book Number）保護自己的創意所衍生的著作或書冊。

當然，屬於語文、音樂、戲劇、舞蹈、美術、攝影、圖形、視聽、錄音、建築或電腦程式方面的創意，按照著作權法規定，只要在公開場所或網路上揭露，則不需要再透過任何特定的方式或機關認定，即可得到立即且應有的保護。

如果自己的創意是一種有具體內容的技術，且具有產業上的利用性、新穎性與進步性，則該創意或創作可以向經濟部智慧財產局申請發明、新型或設計專利，藉此來保護自己的創意。

如果自己的創意，將運用於創業或所經營的事業上，則可以利用商標申請與註冊的方式來保護之。例如創意是一種圖像或是一種名稱且沒有相同的商標註冊在前，則可以依照創業所屬的商品或服務類別來申請商標，以保護自己的創意。其中商品類別計有 34 項（第 1 ～ 34 類），服務類別計有 11 項（第 35 ～ 45 類），如表 1-1。原則上申請商標的類別必須與自己想創業或所經營的事業項目有關，不是申請的類別越多就越有保障。

上述創意的保護與維護，原則上都是以先發表或先申請主義為原則，後發表或後申請者，非常容易被認定為抄襲者或侵權者。所謂「舉證之所在，即為敗訴之所在」，善用保護創意的方法與機制，可以在有爭議時或法律訴訟時，免去爭端或敗訴。

表 1-1 商品與服務分類之各類別分類。（資料來源：經濟部智慧財產局）

類別	項目
1	工業、科學、照相用，以及農業、園藝、林業用之化學品；未加工人造樹脂、未加工塑膠；滅火及防火製劑；回火及焊接製劑；為鞣製獸皮及皮革用鞣劑；工業用黏著劑；油灰及其他糊狀填充劑；堆肥、動物性肥料、化學肥料；工業及科學用生物製劑。

類別	項目
2	漆、清漆、亮光漆；防銹劑及木材防腐劑；著色劑、染料；印刷、打印及雕版用油墨；未加工天然樹脂；塗裝、裝潢、印刷與藝術用金屬箔及金屬粉。
3	不含藥化粧品及盥洗用製劑；不含藥牙膏、牙粉；香料、香精油；洗衣用漂白劑及其他洗衣用劑；清潔劑、擦亮劑、洗擦劑及研磨劑。
4	工業用油及油脂、蠟；潤滑劑；灰塵吸收劑、灰塵溼潤劑及灰塵黏著劑；燃料及照明用燃料；照明用蠟燭、燈芯。
5	藥品、醫療用及獸醫用製劑；醫療用衛生製劑；醫療用或獸醫用食療食品、嬰兒食品；人用及動物用膳食補充品；膏藥、敷藥用材料；填牙材料、牙蠟；消毒劑；殺蟲劑；殺真菌劑、除草劑。
6	普通金屬及其合金、礦砂；建築及結構工程用金屬材料；可移動金屬建築物；普通金屬製非電氣用纜索及金屬線；小五金；貯藏或運輸用金屬製容器；保險箱。
7	機器、工具機、電動工具；非陸上交通工具用馬達及引擎；非陸上交通工具用機器聯結器及傳動零件；手動手工具除外之農具；孵卵器；自動販賣機。
8	手動式手工用具及器具；刀叉匙餐具；非槍砲之隨身武器；剃刀。
9	科學、航海、測量、攝影、電影、光學、計重、計量、信號、檢查（監督）、救生和教學裝置及儀器；電力傳導、開關、轉換、蓄積、調節或控制用裝置及儀器；聲音或影像記錄、傳送或複製用器具；磁性資料載體、記錄磁碟；光碟、數位影音光碟和其他數位錄音媒體；投幣啟動設備之機械裝置；現金出納機、計算機、資料處理設備、電腦；電腦軟體；滅火裝置。
10	外科、內科、牙科與獸醫用之器具及儀器；義肢、義眼、假牙；矯形用品；傷口縫合材料；傷殘人士適用之治療及輔助裝置；按摩器具；哺乳嬰兒用器具、裝置及物品；性活動用器具、裝置及物品。
11	照明、加熱、產生蒸氣、烹飪、冷凍、乾燥、通風、給水及衛浴設備。
12	交通工具；陸運、空運或水運用器械。
13	火器；火藥及發射體；爆炸物；煙火。
14	貴重金屬及其合金；首飾，寶石及半寶石；鐘錶和計時儀器。
15	樂器。

類別	項目
16	紙及紙板；印刷品；裝訂材料；照片；家具除外之文具及辦公用品；文具用或家庭用黏著劑；繪畫用具及藝術家用材料；畫筆；教導及教學用品；包裝用塑料片、薄膜及袋；印刷鉛字、打印塊。
17	未加工及半加工之橡膠、馬來樹膠、樹膠、石棉、雲母及該等材料之替代品；生產時使用之擠壓成型塑膠及樹脂；包裝、填塞與絕緣材料；非金屬製可彎曲之輸送管、管及軟管。
18	皮革及人造皮革；動物皮及獸皮；行李袋及手提袋；傘及遮陽傘；手杖；鞭子、馬具；動物用項圈、牽繫用帶及衣服。
19	建築材料（非金屬）；建築用非金屬硬管；柏油、瀝青；可移動之非金屬建築物；非金屬紀念碑。
20	家具、鏡子、畫框；貯藏或運輸用非金屬製容器；未加工或半加工之骨、角、鯨骨或珍珠母；貝殼；海泡石；黃琥珀。
21	家庭或廚房用具及容器；餐叉、餐刀及餐匙以外之烹飪用具及餐具；梳子及海綿；畫筆除外之刷子；製刷材料；清潔用具；除建築用玻璃外之未加工或半加工玻璃；玻璃器皿、瓷器及陶器。
22	繩索及細繩；網；帳蓬及塗焦油或蠟之防水篷布；紡織品或合成材料製之遮篷；帆；運輸及貯藏散裝貨物用粗布袋；紙、紙板、橡膠或塑膠除外之襯墊、減震及填塞材料；紡織用纖維原料及其替代品。
23	紡織用紗及線。
24	紡織品及紡織品替代品；家用亞麻布製品；紡織品製或塑膠製簾。
25	衣著、靴鞋、帽子。
26	花邊及刺繡品、飾帶及辮帶；鈕扣、鉤扣、別針及針；人造花；髮飾品；假髮。
27	地毯、小地毯、地墊及草蓆、亞麻油地氈及其他鋪地板用品；非紡織品壁掛。
28	競賽遊戲用品、玩具及遊戲器具；視頻遊戲器具；體操及運動用品；聖誕樹裝飾品。
29	肉、魚肉、家禽肉及野味；濃縮肉汁；經保存處理、冷凍、乾製及烹調之水果及蔬菜；果凍、果醬、蜜餞；蛋；乳及乳製品；食品用油及油脂。

類別	項目
30	咖啡、茶、可可及代用咖啡；米；樹薯粉及西谷米；麵粉及穀類調製品；麵包、糕點及糖果；食用冰；糖、蜂蜜、糖漿；酵母、發酵粉；鹽；芥末；醋、醬（調味品）；調味用香料；冰（結冰水）。
31	未加工農業、水產養殖、園藝及林業產品；未加工穀物及種子；新鮮水果及蔬菜，新鮮香草；天然植物及花卉；球莖，植物種苗及植栽用種子；活動物；動物用飼料及飲料；釀酒麥芽。
32	啤酒；礦泉水與汽水及其他不含酒精之飲料；水果飲料及果汁；製飲料用糖漿及其他製劑。
33	含酒精飲料（啤酒除外）。
34	菸草；菸具；火柴。
35	廣告；企業管理；企業經營；辦公事務。
36	保險；財務；金融業務；不動產業務。
37	建築物建造；修繕；安裝服務。
38	電信通訊。
39	運輸；貨品包裝及倉儲；旅行安排。
40	材料處理。
41	教育；提供訓練；娛樂；運動及文化活動。
42	科學及技術性服務與研究及其相關之設計；工業分析及研究服務；電腦硬體、軟體之設計及開發。
43	提供食物及飲料之服務；臨時住宿。
44	醫療服務；獸醫服務；為人類或動物之衛生及美容服務；農業、園藝及林業服務。
45	法律服務；對有體財產和個人提供實體保護之安全服務；為配合個人需求由他人所提供之私人或社交服務。

1-5 創意發想的基本認知

由創意發想所衍生出來的智慧財產權，如著作、商標與專利，其價值可以用銷售量、品牌價值或公告數量來評斷之。其中著作的價值可以參考維基百科所公布的銷售量或 Yahoo 新聞所公布的十大音樂劇；商標的價值則可以參考數位時代每年所公布的品牌價值；對於專利的價值則可以參考全球專利檢索系統所公告的數量以及各國股市或 Google 所揭露的股價來評斷之，其基本認知分列如下：

① 著作的智慧財產權基本認知

創意發想所衍生出來的暢銷書或音樂劇，如圖 1-13 或表 1-2 所示，其特點或基本認知如下：

(1) 內容或劇情可觸動或感動人心。

(2) 充滿想像。

(3) 引人好奇。

(4) 具冒險性。

(5) 充滿挑戰性。

(6) 緊湊、懸疑、驚險、刺激、精彩。

(7) 追求成功或圓滿。

(8) 結局大喜或大悲。

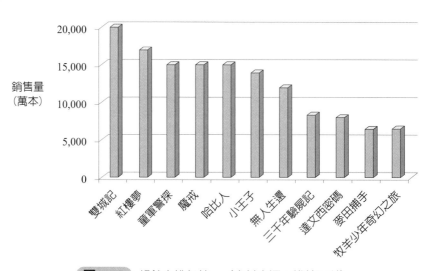

圖 1-13 暢銷書排行榜。（資料來源：維基百科）

表 1-2 十大音樂劇排行榜。（資料來源：Yahoo 新聞）

排名	1	2	3	4	5	6	7	8	9	10
劇名	貓	悲慘世界	媽媽咪呀	夢幻女郎	歌劇魅影	芝加哥	酒店	眞善美	窈窕淑女	西城故事

② **商標的智慧財產權基本認知**

創意發想所衍生出來的商標或品牌，如圖 1-14 或表 1-3 所示，其特點或基本認知如下：

（1） 具有身分地位、創新與服務的象徵。

（2） 一次性商品，用完就丟或必須經常使用。

（3） 商品衆多、網購強。

（4） 作業軟體強且不斷地更新。

（5） 瀏覽率或點閱高，廣告效果極佳。

（6） 人人必備的行動裝置且功能強。

（7） 商品經久耐用且品質好。

（8） 教育性與娛樂性強、老少咸宜。

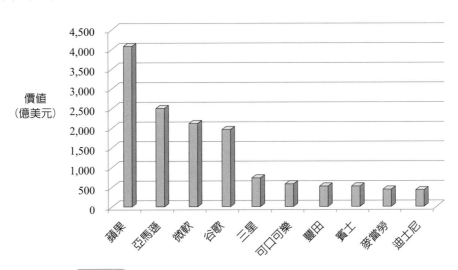

圖 1-14 知名品牌價值排行榜。（資料來源：數位時代）

表 **1-3** 知名品牌參考股價排行榜。（資料來源：Yahoo 奇摩股市）

排名	品牌（股票代碼）	參考股價（TWD）
1	麥當勞（MCD）	8,778.07
2	微軟（MSFT）	7,337.95
3	蘋果（APPL）	4,843.30
4	豐田（TM）	4,346.75
5	迪士尼（DIS）	3,408.96
6	亞馬遜（AMZN）	3,112.77
7	谷歌（GOOG）	2,909.52
8	可口可樂（KO）	1,918.02
9	賓士（MBG.F）	1,885.34
10	三星電子（K005930）	1,007.40

③ 專利的智慧財產權基本認知

　　創意發想所衍生出來的專利，如圖 1-15 所示或表 1-4 與表 1-5 所示，其特點或基本認知如下：

（1）企業產品或技術具特殊性且生命週期長。

（2）企業產品或技術的市場與商機大且競爭。

（3）企業的 ESG（環境保護、社會責任與公司治理）指標強。

（4）企業具有良好的獎勵機制，經常鼓勵員工提出創意提案。

（5）企業具有優秀的執行長與技術人才且離職率低。

（6）企業重視創意思考訓練與在職進修。

（7）企業有優秀的創意團隊且工作效率高。

（8）企業有良好與安全的工作環境且福利好。

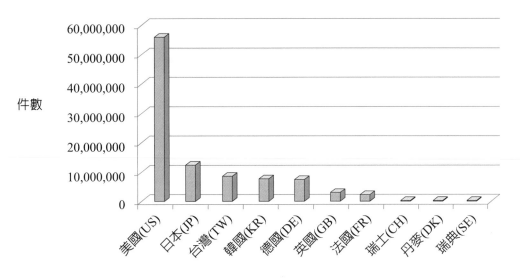

圖 1-15 各國專利公告數量排行榜（資料來源：全球專利檢索系統）

表 1-4 國內企業專利公告件數與參考股價排行榜。

（資料來源：全球專利檢索系統、Yahoo 奇摩股市）

排名	國內企業名稱（股票代碼）	全球專利公告件數	參考股價（TWD）
1	聯發科（2454）	18,019	596.00
2	台積電（2330）	11,547	390.50
3	台達電（2308）	17,089	264.50
4	瑞昱（2379）	9,933	262.50
5	鴻海（2317）	103,324	101.50
6	南亞科（2408）	5,566	54.60
7	中鋼（2002）	223,413	27.05
8	英業達（2356）	25,048	24.00
9	宏碁（2353）	14,045	22.30
10	友達（2409）	41,558	17.55

表 1-5 國外企業專利公告件數與參考股價排行榜。

(資料來源：全球專利檢索系統、Yahoo 奇摩股市)

排名	國外企業名稱（股票代碼）	全球專利公告件數	參考股價（TWD）
1	ASML（ASML）	43,457	15,288.22
2	華爲（BK0854）	230,236	9,617.25
3	Apple（APPL）	98,943	4,843.30
4	IBM（IBM）	53,139	4,444.51
5	富士通（JP6702）	266,260	3,929.20
6	西門子 SIA.BR）	52,876	3,586.40
7	應材（AMAT）	38,604	2,887.65
8	日東電工（JP6988）	63,001	1,724.80
9	三星電子（K005930）	148,251	1,007.40
10	住友化學（JP4005）	106,576	93.94

綜合演練

一、是非題（每題 10 分，共計 10 題，100 分。）

1. （　）人類最早使用的柴火，非常適合用來烹飪與烘焙，所以用龍眼木來烘焙龍眼時，其烘焙後的龍眼乾味道特別香且環保。

2. （　）有人說最賺錢的創意商品就是必須經常使用且是一次性的商品，如衛生筷、衛生紙或溼紙巾等。

3. （　）曾經火紅於一時的商品，如呼拉圈、電子雞或憤怒鳥，因為深具獨特性、時髦性與娛樂性，所以商品的生命週期特別長。

4. （　）由於發光二極體的發明使得需要光源的電子商品發展快速，而且發光二極體具有發電功率低的優點。

5. （　）Gogoro 電動機車之所以可以快速崛起以及成為市占率最高的電動機車，不外乎是交換電池站非常普及、交換電池快速；且成立會員制以及有衛星定位，電動機車不易失竊。

6. （　）引用別人或自己發表過的文章，文中具體且明確的句子或段落，必須使用引號（「」、『』或""。）並註明論文出處，否則該後發表的文章可以視為抄襲。

7. （　）經營『萬三』小吃部的莊老闆可以控告經營『萬三』檳榔攤的蔡老闆涉及商標侵權，因為其所註冊的商標，其中文名稱完全一樣。

8. （　）小明上完物理或熱力學課程後，發現能量不滅定律（熱力學第一定律），便在自行車上裝上充電電池，如此便可以讓自行車所產生的機械能變成電能，該電能可以用來充電，如此一來該自行車只要踩踏一次之後，便可以利用能量不滅定律永遠的讓自行車行駛下去，不用再費力的踩踏自行車。

9. （　）小明具有繪畫天份，有一天心血來潮，設計了一支外型酷炫且與眾不同的手機殼，該項設計可以向智慧財產局提出設計專利申請。

10.（　）通常專利公告數量越多的企業其股價越高。

二、計算與問答題（共計 6 題，100 分。）

【問題描述】產地販售的菱角，其零售價為 60 元／斤，其中 1 斤等於 600 公克，每一顆菱角的平均重量為 16 公克，菱角殼與菱角仁的平均重量為 16 公克各為 8 公克，如果採收工的時薪為 176 元，則：

1. 採收工必須採多少顆才能達到基本時薪資的要求（15%）？

2. 如果希望採收工可以幫菱角農每小時有 880 元的獲利，則採收工每小時需要採收多少顆才能達到菱角農的獲利要求（15%）？

3. 承上題，採收工採收上述所需要的菱角之後，便交給剝殼工剝除菱角殼，則剝殼工每小時會製造多少菱角殼，其重量為多少公克或斤（15%）？

4. 菱角殼可以做何用途（5%）？其副產品又有何種功效（10%）？

5. 如果您是菱角農，您有何創意點子來降低種植菱角的成本與提升菱角的採收量？請嘗試提出 4 個以上的創意點子來（20%）。

6. 如果您是菱角的經銷商，您有何創意點子來降低菱角的採購成本與提升剝除菱角殼的速度？請嘗試提出 4 個以上的創意點子來（20%）。

第2章 創意生活規劃術

🎯 **訓練目標：**
熟悉曼陀羅法、蓮花圖法、魚骨圖法、地圖法與心智圖法。

🧭 **訓練內容：**

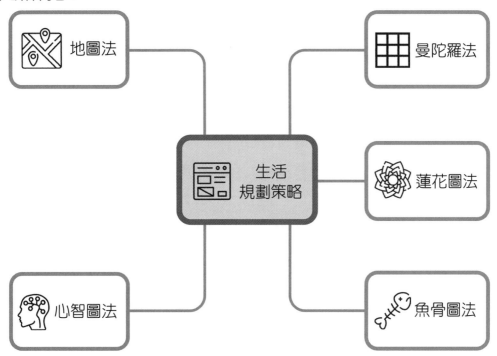

📖 **輔助設備與教材：**
1. 創意思考訓練教室或一般教室。
2. 液晶投影機與筆記型電腦各一部或多功能教學講桌。
3. A4 紙（三種顏色 A4 紙數張）、A1 壁報紙（每組數大張）、剪刀（美工刀或小刀）、膠水、彩色筆一盒（各組自備）。
4. 碼表一只（教師自備）。
5. 評分表、紙上測驗或線上測驗。

2-1 生活目的

　　生活目的是什麼？是「承先啟後」或「繼往開來」，還是「漫無目的」或「渾渾噩噩」的過一天算一天。說「承先啟後」或「繼往開來」，則太矯情或自我感覺良好；但是，說「漫無目的」或「渾渾噩噩」又未免太悲情。其實生活目的是什麼並不重要，重要的是要好好「活著」，要「活著」有內容、充實、自在與快樂。

　　其實人「活著」就是一種成就，一種恩澤與福份！但是光是「活著」這一項成就、恩澤與福份是不夠的，因為那是來自於上天與父母的賜予，不是自己創造出來的。人除了要好好活著以感謝上天與父母的恩賜之外，那就是要「忠於自己、善於規劃與努力不懈！」。

　　「忠於自己」就是忠於自己的內在動機，忠於自己的價值觀，忠於自己的性向與興趣而不隨波逐流，亦即「不從眾、不媚俗！」。「忠於自己」就是做自己（Be yourself！），做自己喜歡做的事，而不做不義的事；做自己能力相符的事，不做害羞的事！「忠於自己」不代表「只要我喜歡有什麼不可以」，更不是「任性妄為」。「忠於自己」必須要有「自知之明」、「自制力」、「自我反省」與「自我評鑑」的能力！這是創造力中最重要的參考指標之一，也是達成目標的重要能力之一。

　　生活要有目標、方向與規劃才能讓生活過得充實與自在，所謂「人無遠慮，必有近憂！」。凡事有目標、方向與規劃則行事有條不紊，臨事不慌張。而「善於規劃」也是創造力中，達成目標的另一種重要能力。因為沒有目標、方向與規劃就沒有未來，也沒有生活樂趣可言。

　　生活有了目標、方向與規劃之後，剩下來的就是「努力不懈」、「只管去做（Just do it！）」了。而「努力不懈」也是創造力的指標之一，因為「努力不懈」就是執行力，更是達成目標的最重要能力。否則再好的規劃，也只是「作作文章」與「紙上談兵」而已。

　　所以人光是「活著」是不夠的，必須「忠於自己、善於規劃與努力不懈」！

2-2 生活規劃

「生命不在於長短，而是在於內容！」。這內容可以是「愛」，可以是「真理」，也可以是「體驗」。人有了「愛」可以成為「教育家」、「慈善家」或「宗教家」，有了「真理」可以成為「史學家」、「科學家」、「哲學家」或「政治家」，有了「體驗」可以成為「旅行家」、「藝術家」、「音樂家」、「美術家」或「發明家」。當然，人其實可以同時追求「愛」、「真理」與「體驗」，只要懂得「生活規劃」，就可以成為全方位的「生活家」與「生活大師」（圖 2-1）。

有人說：「生命中沒有愛、真理與體驗，則生活如服勞役」。所以在「生活規劃」與追求理想的過程中，別忘了要有「愛、真理與體驗」的成份存在。

學習是一種生活，工作也是一種生活，休閒旅遊運動更是一種生活。有人說：「停止學習，人便開始老化」，所以為了防止老化，人必須不斷的學習。也有人說：「要活就要動，而活動的最佳方式就是工作」，只有工作才能讓人真正動起來，也只有工作才能讓人忘掉煩惱、憂鬱與病痛。更有人說：「休息是為了走更長遠的路」，休息不只是閉目養神或睡覺而已，其實休息也包括了休閒、旅遊與運動。喝茶聊天是休息也是休閒，旅遊旅行也是一種休息。運動更是一種休息，是一種讓思緒沉澱的最好休息方式，更是一種蓄積下一次工作能量的最佳休息方式。

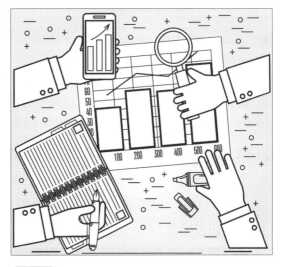

圖 2-1 生活需要規劃與學習。

2-3　生活策略

既然「學習、工作與休閒旅遊運動」是生活的重心，因此「生活規劃」就必須由此開始。至於要如何規劃，則可以從善用創意思考策略開始。例如：

一、學習規劃——曼陀羅法的運用

曼陀羅法又稱九宮格法，其可以運用於管理制度設計與品質改善專案上。曼陀羅法係為一 3×3 的方陣格子，格子中央為創意思考的主題或問題，其他方格則是創意點子的關鍵詞句或概要，如圖 2-2 所示。曼陀羅法係為一種擴散式的創意思考模式或策略，其訓練目的在於「利用擴散式的創意思考模式或策略」快速的激發出創意點子或構思來，而在時間許可下可以更進一步的創造出具體的方案或作為來。該種創意思考策略依照個人或團隊方式來實施，而其實施方式可為：

◉ （一）個人實施方式：

① **選定主題：**選定一個主題，並將主題填入中央的格子內。

② **加入標題：**在指定時間內將標題或創意點子依序填入 A → B → C……→ H 格子中（圖 2-2）。

③ **填入次標題：**在將 A～H 之標題，分別填入其他曼陀羅紙內，依 A1、A2、A3……A8 之順序分別填入其他創意構思或點子，直到填完最後一張曼陀羅紙的 H1、H2……H8 為止。

④ **完成初步構思：**總計九張曼陀羅紙，一個主題，八個標題以及 64 個創意構思或點子（圖 2-3）。

⑤ **構思具體化：**如果時間允許的話，可以將創意構思繼續延伸到下一階段。例如次標題 A 為自然科學，其次標題 A1 為植物學，則可以再從次標題 A1 延伸出章節或子標題，如 A1_Ch1 為概論、A1_Ch2 為植物種類……到 A1_Ch8 為結論為止。如此一來其創意構思就可以更具體化了，而要達成目標也就越容易了。

G 音樂工程	H 動畫工程	A 自然科學
F 管理科學	學習	B 生命科學
E 創意工程	D 人因工程	C 歷史地理

圖 2-2　學習規劃——曼陀羅法實施例之一。

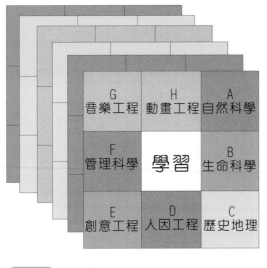
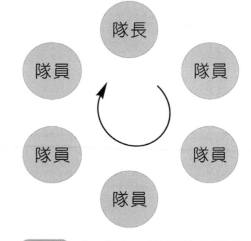

G 音樂工程	H 動畫工程	A 自然科學
F 管理科學	學習	B 生命科學
E 創意工程	D 人因工程	C 歷史地理

圖 2-3 學習規劃——曼陀羅法實施例之二。

圖 2-4 學習規劃——曼陀羅法團隊遊戲循環圖。

◉ （二）團體實施方式：

曼陀羅法也可以用團隊合作的方式來進行，其進行方式如下：

① **創造主題：** 團隊的每一成員可以依照自己最關心的主題切入，或由指定主題切入；將主題填入自己曼陀羅紙的中央格子內。

② **創造標題：** 將第一個創意點子或標題填入自己曼陀羅紙的 A 格子內。

③ **循環交換：** 將自己曼陀羅紙，依順時針或逆時針的順序遞交給下一位隊員填寫（圖 2-4）；每一位收到曼陀羅紙的隊員，在 B 格子內填入創意構思或標題；其中創意構思或標題不能重覆。

④ **完成初步構思：** 直到填完最後一個創意構思或標題為止，則初步構思可以宣告完成。如果團隊的隊員有 6 人，則一個循環下來可以創造出 48 個創意構思或標題來。

⑤ **構思具體化：** 在時間許可下，針對每一標題再進一步的討論出具體的方案或作為，直到達成目標為止。

二、學習規劃——蓮花圖法的運用：

　　蓮花圖法係爲曼陀羅法的變化例，其係爲一 9×9 的方陣格子，格子中央爲創意思考的主題，環繞在主題四周的是次標題；而繞在次標題四周的是子標題或創意點子，如圖 2-5 所示。其實施方式如下：

① 發給每一隊員一張蓮花圖。

② 將主題寫在圖的中央。

③ 由主題所衍生的想法寫在 A～H 處。

④ 將 A～H 標題移至四周中心處。

⑤ 再由 A～H 標題處衍生出其他創意構思或點子。

G7. 敲擊樂	G8. 藍調音樂	G1. 古典音樂	H7. 動畫管理	H8. 動畫行銷	H1. 動畫賞析	A7. 生態學	A8. 景觀學	A1. 植物學
G6. 交響樂	G. 音樂工程	G2. 熱門音樂	H6. 動畫製作	H. 動畫工程	H2. 動畫繪製	A6. 地球學	A. 自然科學	A2. 動物學
G5. 民俗音樂	G4. 爵士樂	G3. 搖滾樂	H5. 動畫配音	H4. 動畫編劇	H3. 動畫設計	A5. 天文學	A4. 礦物學	A3. 昆蟲學
F. 市場學	F8. 創業管理	F1. 管理學	G. 音樂工程	H. 動畫工程	A. 自然科學	B7. 製劑學	B8. 生物學	B1. 人類學
F6. 消費學	F. 管理科學	F2. 行銷學	F. 管理科學	學習	B. 生命科學	B6. 藥理學	B. 生命科學	B2. 心理學
F5. 包裝學	F4. 廣告學	F3. 通路學	E. 創意工程	D. 人因工程	C. 歷史地理	B5. 病毒學	B4. 細菌學	B3. 病理學
E7. 智財管理	E8. 智財行銷	E1. 思考訓練	D7. 控制學	D8. 行為學	D1. 人體學	C7. 美洲地理	C8. 歐洲地理	C1. 臺灣史
E6. 智財評鑑	E. 創意工程	E2. 電腦繪圖	D6. 應力學	D. 人因工程	D2. 靜態學	C6. 中國地理	C. 歷史地理	C2. 中國史
E5. 智財概論	E4. 專利寫作	E3. 工業設計	D5. 設計學	D4. 運動學	D3. 動態學	C5. 臺灣地理	C4. 美國史	C3. 日本史

圖 2-5 學習規劃——蓮花圖法的運用。

三、工作規劃──魚骨圖法的運用：

　　魚骨圖法又稱特性要因圖法，由石川馨教授在 1953 年所提出，主要係用來解決品管上的問題，同樣的原理與方法也可以拿來運用在解決生活上的問題。魚骨圖法係為一種沒有魚肉與魚皮且狀如魚骨的圖形，如圖 2-6 所示。該魚骨圖的構造，包括魚頭、魚骨、魚刺與魚尾部分等。其訓練目的，係在於協助工作規劃出發展目標及其達成目標所需具備或準備的知識、技術或工具等。其實施方式如下：

① **畫魚頭：**首先畫出魚頭與脊椎骨，並將討論主題或主要研究發展目標填入魚頭適當位置處。

② **畫魚骨：**畫出魚骨（大骨、中骨或小骨），將創意點子、研究發展所需具備或準備的知識、技術或工具等或其他要因填入魚骨（大骨、中骨或小骨）中。

③ **畫魚尾：**最後畫出魚尾，魚尾如同船隻的舵與槳，其係用來在控制方向與動力的來源，也是達成目標的最重要的部分。如圖示中之資源係動力的來源，而實作與評鑑則是在測試執行力與實作能力是否能達到預定目標或用來作為修正目標之參考。

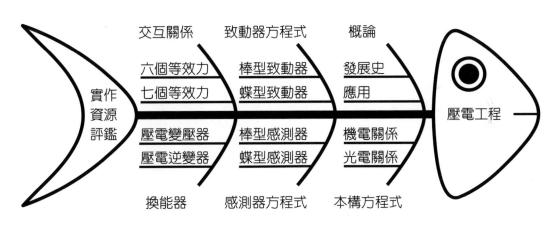

圖 2-6 工作規劃──魚骨圖法的運用。

四、旅遊規劃——地圖法之運用：

　　地圖法係依實際的地理圖來作旅遊或休閒規劃，如圖 2-7～圖 2-9 所示，其目的在加深學習者對地理的認知與增加方向及方位辨識的能力。其實施方式如下：

① **輪廓與方向描繪**：首先畫出旅遊地點概略的輪廓與方向（北方），如圖 2-7 所示。

② **景點與路線標示**：將旅遊景點與路線標示出來，如圖 2-8 所示。

③ **註記**：最後註記主題、景點名稱、住宿地點、聯絡電話與路線編號，如圖 2-9 所示。

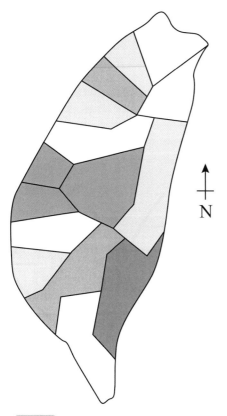

圖 2-7 旅遊規劃——輪廓與方向描繪。

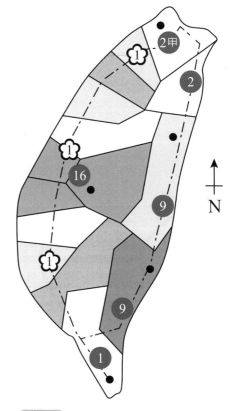

圖 2-8 旅遊規劃——景點與路線標示。

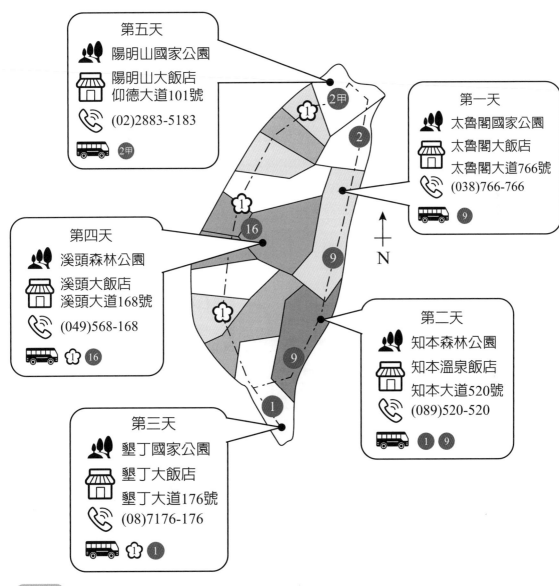

第五天

陽明山國家公園

陽明山大飯店
仰德大道101號

(02)2883-5183

2甲

第一天

太魯閣國家公園

太魯閣大飯店
太魯閣大道766號
(038)766-766

9

第四天

溪頭森林公園

溪頭大飯店
溪頭大道168號

(049)568-168

16

第二天

知本森林公園

知本溫泉飯店
知本大道520號
(089)520-520

1 9

第三天

墾丁國家公園

墾丁大飯店
墾丁大道176號
(08)7176-176

1

N

圖 2-9 旅遊規劃——註記。

五、生活規劃──心智圖法之運用：

　　心智圖法（Mind Mapping Method）係由英國東尼‧伯森（Tony Buzan）於 1960 年首創，其概念受到達文西做筆記的方法所啓發，現在被全球數百萬人廣泛應用於工作、學習以及生活上，如圖 2-10~2-12 所示。其方法如下：

① **建構主題：** 選定一個自己或團隊最關切的主題，將主題放置在壁報紙或圖畫紙的正中央，並且利用各種不同的圖框將主題包覆起來，亦可加入插圖，如圖 2-10 所示。

② **建構標題：** 將創意構思或標題利用三種以上不同顏色的線條依序（學習、工作、休閒旅遊與投資理財）畫在主題旁，如圖 2-10 所示。

③ **建構次標題：** 將創意構思或次標題利用線條依序畫在標題旁，如圖 2-11 所示。

④ **建構子標題：** 將創意構思或子標題利用線條依序畫在次標題旁（圖 2-12），並且以圖框包裹標題，必要時可以利用虛線插入關聯。

圖 2-10 生活規劃──建構主題與標題。

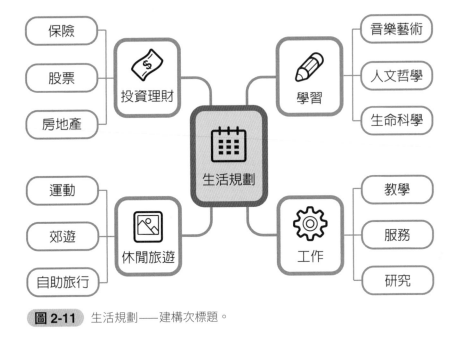

圖 2-11 生活規劃——建構次標題。

圖 2-12 生活規劃——建構子標題。

● 生活規劃─心智圖製作技巧：

由於人類記憶圖像的能力遠勝過文字與語詞，所在心智圖的製作過程中，係以清晰的圖像與顏色表達爲主，而以文字、符號與線段表達爲輔，至於其製作技巧如下列步驟與圖 2-13 所示：

① **建構主題**：將主題置中並且利用三種顏色以上之線條、圖框或圖像。

② **善用圖像**：運用與主題相關或具吸引力之圖像，例如卡通漫畫、示意圖、分析圖等。

③ **善用想像**：運用不同顏色、符號與箭頭來凸顯創意點子與想像力。

④ **善用感覺**：運用喜、怒、哀、樂、愛、惡、慾等情緒上的反應來表達對創意點子的感受。

⑤ **善用差異**：運用不同的大小、文字、空間與線段來突顯創意點子。

⑥ **善用組織**：創意點子要實現，需要靠規劃、執行與評鑑等能力來達成，而腦力激盪過程中可以靠分工、合作、授權、分層負責與經驗分享等手段來達成，所以在腦力激盪與心智圖構成中可以透過各種組織運作的方式來達成。

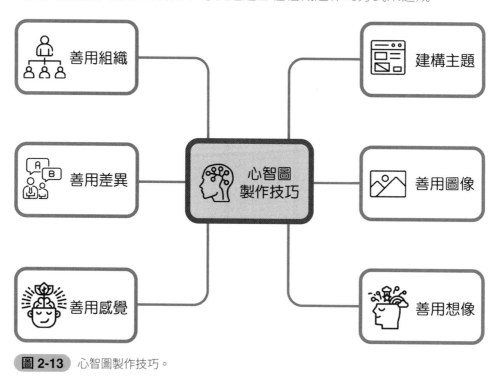

圖 2-13 心智圖製作技巧。

2-4 評鑑方式

① 敏覺力的評量：就曼陀羅法、蓮花圖法、魚骨圖法、地圖法或心智圖法的圖像表現與視覺效果予以評分。

② 流暢力的評量：就曼陀羅法、蓮花圖法、魚骨圖法、地圖法或心智圖法的組織架構與文字敍述是否流暢予以評分。

③ 變通力的評量：就曼陀羅法、蓮花圖法、魚骨圖法、地圖法或心智圖法中所提出的構思與解決方案是否具有變通性予以評分。

④ 精密力的評量：就曼陀羅法、蓮花圖法、魚骨圖法、地圖法或心智圖法中所提出的構思與解決方案是否具體可行予以評分。

⑤ 獨創力的評量：就曼陀羅法、蓮花圖法、魚骨圖法、地圖法或心智圖法中所提出的構思與解決方案是否具有獨到或與衆不同予以評分。

⑥ 表達力的評量：個人或團隊報告時就其表達能力部分予以評分。

⑦ 合作性的評量：團隊實施曼陀羅法、蓮花圖法、魚骨圖法、地圖法或心智圖法創意思考策略過程中的合作性予以評分。

綜合演練

一、是非題（每題 10 分，共計 10 題，100 分。）

1. （　）曼陀羅法係為一 9×9 的方陣格子，格子中央為創意思考的主題或問題，其他方格則是創意點子的關鍵詞句或概要。

2. （　）蓮花圖法係為曼陀羅法的變化例，其係為一 3×3 的方陣格子，格子中央為創意思考的主題，環繞在主題四周的是次標題；而繞在次標題四周的是子標題或創意點子。

3. （　）曼陀羅法或蓮花圖法適合運用於生涯或學涯規劃。

4. （　）魚骨圖法又稱特性要因圖法。

5. （　）魚骨圖法係由 1963 年石川馨教授所提出。

6. （　）在魚骨圖法中最後畫出的魚尾，該魚尾如同船隻的舵與槳，其係用來在控制方向與動力的來源，也是達成目標的最重要的部分。

7. （　）地圖法非常適合於國內外之自助旅遊規劃。

8. （　）心智圖法（Mind Mapping Method）係由英國東尼 · 伯森（TonyBuzan）於 1950 年首創。

9. （　）運用心智圖法軟體除了可以製圖之外，還可以轉成文書檔（docx）或簡報檔（pptx）。

10.（　）心智圖法可說是一種左右腦兼具的創意思考訓練或活動。

二、練習題

　　請利用曼陀羅法、蓮花圖法、魚骨圖法、地圖法或心智圖法來完成下列生活規劃並上台報告：

1. 個人生涯規劃：例如終身學習、志業或工作、休閒旅遊與投資理財等。

2. 團隊生涯規劃：例如終身學習、工作、團隊互動與未來發展等。

3. 學程規劃：例如創意設計學程或終身教育學程規劃等。

4. 旅遊規劃：例如歐美、紐澳或其他地方的自助旅行與遊學遊世界等。

5. 創業規劃：例如經營風尚咖啡館、經營創意設計工作坊、經營風味餐廳、經營體驗民宿、經營餐飲加盟店等。

6. 創作規劃：例如：音樂創作、小說創作、戲劇創作、藝術創作、美術創作、風尚創作、服飾創作、專業創作等。

7. 智財與專利規劃：例如發明商品的智財與專利規劃。

8. 休閒體驗規劃：例如到國內與世界各地從事美食與溫泉 SPA 體驗之旅、賞夕陽與單車體驗之旅、散步與森林浴體驗之旅、山地民宿與捏陶體驗之旅、音樂與文化體驗之旅等。

※ 以上八題可以由團隊自行演練。

評分表 創意生活規劃術評分表範例。

學號	1120101	姓名	周易			受測日期			20XX0101
項次	訓練項目	創造力評分							小計
		敏覺	流暢	變通	獨創	精密	表達	合作	
1	曼陀羅法	2	3	3	3	2	3	3	19
2	蓮花圖法	3	3	3	3	3	3	3	21
3	魚骨圖法	4	3	4	3	4	4	3	25
4	地圖法	3	4	4	4	3	4	4	26
5	心智圖法	3	3	3	3	3	3	3	21
分項創造力得分		15	16	17	16	15	17	16	112
分項創造力權值		3.5	3.8	4.5	4.6	4.7	4.3	4.7	4.3
分項創造力等第		甲等	甲等	優等	優等	優等	優等	優等	優等
創造力總權值		4.3							
創造力總等第		優等							

第**3**章

創意思考的策略運用

🎯 **訓練目標：**

　熟悉 635 法、ALU 法、SWOT 法、六頂思考帽法、六雙行動鞋法、CPS 法與 5W2H 分析法。

⚗️ **訓練內容：**

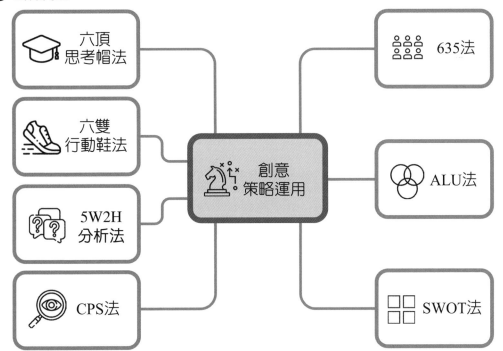

📖 **輔助設備與教材：**

1. 創意思考訓練教室或一般教室。
2. 液晶投影機與筆記型電腦各一部或多功能教學講桌。
3. A4 紙（三種顏色 A4 紙數張）、A1 壁報紙（每組數大張）、剪刀（美工刀或小刀）、膠水、彩色筆一盒（各組自備）。
4. 碼表一只（教師自備）。
5. 評分表、紙上測驗或線上測驗。

3-1 創意策略運用的迷思

　　根據發現大多數企業員工參加創意思考訓練之後，很少運用創意思考策略來激發創意點子。其原因可能出現在一些老闆、主管或執行長的身上，例如：

① 不喜歡

　　老闆、主管或執行長認為腦力激盪活動不好玩，因為在遊戲當中發現他（她）們再不能唱獨角戲了，所以不喜歡玩。另外，在遊戲當中會不經意的洩露出公司的最高機密，那就是「他（她）們並不是表面上看起來那麼的聰明」，所以就更不喜歡玩了，而且儘量避免舉辦或參加類似的活動。

② 不支持

　　大部分的老闆、主管或執行長認為腦力激盪活動只是員工的康樂活動之一，玩一玩發洩情緒就算了，千萬別當真。開會時，還是照規則來：「我說的話才算數，其餘免談！」所以說，大部分的公司並不支持在開會時從事腦力激盪活動，即使是表面上支持，也只是把它視為康樂活動或例行活動之一。

③ 不鼓勵

　　大部分的老闆、主管或執行長認為從事腦力激盪活動很麻煩，因為要有適當的空間、要有基本的配備、要準備一些文具耗材、還要準備如棒棒糖、獎品與獎金等道具或獎勵，甚至於會後還要建立一套完整的獎勵與評鑑機制，簡直是沒完沒了。如果碰到經濟景氣不好或老闆炒作股票、房地產失利時，就不想再鼓勵員工玩這種傷腦筋又花錢的遊戲。

　　所以說，當員工碰到這種抱持「不喜歡、不支持、不鼓勵」的三不政策態度的老闆、主管或執行長時，就別奢望腦力激盪或創意思考活動會落實在工作上。即使偶爾為之，也別太認真，就當成是調劑身心的康樂活動吧。除此之外，規模太小的企業或代工產業，因為經營者的態度固化或工作內容單純，也大都採取三不政策態度「不喜歡、不支持、不鼓勵」。

3-2 創意策略運用的限制

假設您從未沒有遇到這種抱持「不喜歡、不支持、不鼓勵！」三不政策的老闆、主管或執行長，也別高興太早。因為創意思考策略運用在工作上或會議上，仍然有些限制。如果遇到以下的會議或情況時，便不適合拿來從事腦力激盪或創意思考活動了，例如：

① 簽到會議

公司福利不是很好，而員工又經常喜歡遲到早退時，公司為了維持良好的形象，不便強制實施打卡制（其實是打卡制已經失效），故意假借開會的名義實施點名，要員工準時簽到。像這種簽到式會議不是用來從事腦力激盪活動的，當主席宣布還有沒有問題時，代表要準備散會了，此時千萬別舉手發言更不要腦力激盪，而是要趕快就定位掃地、掃廁所或幹活去。

② 指派會議

這種會議是主管或老闆已有定見了，只是把各位找來指派工作而設的。這種會議也用不到腦力激盪，只要將分配到的任務記下來然後覆誦一遍即可。

③ 緊急會議

這種會議通常是「代誌大條啊！」只要有人負責即可，也不需要腦力激盪一番。

④ 例行會議

這種會議只是為了應付上級查核之用，只要有人簽名、作記錄即可，更用不到腦力激盪。

⑤ 臨時會議

這種會議又稱為人頭會議，只要各單位派人出席即可。在會議上千萬不要腦力激盪，免得惹人怨。

⑥ 午餐會議

舉行這種會議通常是為了避免占用上班時間（因為老闆會不高興），另外就是不管遲到或早退，這個時間人人都要用餐，誰也跑不掉。因為中午是員工最需要好好用餐與休息片刻的時段，會議中，萬一主席情緒不佳破口大罵或者是員工吵架，不但食不下嚥，甚至於還會造成胃酸過多、胃痙攣的現象發生。如果這時候又要從事腦力激盪活動，那更有血壓上升、中風的危險，所以這種會議更不能腦力激盪。

⑦ **股東會議**

　　這種會議也用不著腦力激盪，一種情況是公司賺錢，股東們到會場門口領贈品然後走人即可。另一種情況是公司賠錢股東們到會場門口領贈品（有時沒有贈品可領），然後順便走進會場開始罵人。

⑧ **黨員會議**

　　這種會議更用不著腦力激盪，只要眼睛放亮一點，選對派系或跟對人即可。

⑨ **晚班會議**

　　通常這種會議是選在下班後舉行，一來是不會占用上班時間（老闆會很高興），二來是夜深人靜適合腦力激盪。但問題是多數人下班之後通常都有各自的家庭生活與活動安排，這個時間開會容易心不在焉，無法達成腦力激盪的效果。

⑩ **研發會議**

　　這種會議應該最適合也最有理由從事腦力激盪活動了，但如果遇到以下這樣子的狀況，例如老闆或主管在開場白時就說：「任何創新計畫或創意點子，都必須與公司的核心技術有關。」當您碰到這種天才型的老闆或主管時，還需要腦力激盪嗎？如果任何創新計畫或創意點子，都與公司的核心技術有關，那就不能稱為發明了，所以根本不需要腦力激盪。

　　除了以上會議或情況之下，任何形式的會議都非常適合拿來從事腦力激盪與創意思考活動（圖 3-1）。或許您可以認為「以上陳述純屬虛構，如有雷同純屬巧合」，但是各位不妨認真的思考一下，您任職以來曾幾何時真正將腦力激盪與創意思考活動真正落實在工作或會議上。沒有從事腦力激盪與創意思考活動實屬正常，如果有實施的話那是幸運，要懂得好好珍惜，因為那與傳奇故事一樣的令人嚮往又那麼的遙不可及。

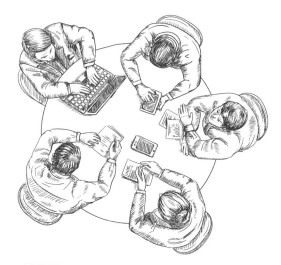

圖 3-1　許多形式的會議都適合拿來做腦力激盪與創意思考活動。

3-3 創意策略運用的認知

假設各單位想認真執行腦力激盪或創意思考活動,那麼以下的創意思考策略運用的基本認知,不妨可以作為參考。例如:

① 要選對人

腦力激盪或創意思考活動不是康樂活動,不是每一個人都要參與。您必須假設每一個人的時間都是非常寶貴的,除非任務需要,否則不要輕易的召集人來開會。(圖 3-2)另外,要選對適合的人數來開會,人數過多反而會妨害會議與活動的進行。

② 要選對事

就是要有主題與標的,每次開會都要有明確的主題與標的,不能隨心所至、高談闊論,想說什麼就說什麼,除非您是在參加同學會。另外開會前要事先通知,除了緊急會議之外,任何會議、時間、程序與實施方法或策略都必須事先告知,並且要求所有參與者能事先作好準備。

③ 要選對時間

腦力激盪會議除了假日之外,可以天天開。但是開會時間,最好選在剛上班時或要下班前一小時為宜,而且會議不要超過一小時,因為超時會議只會令人產生反感且效率差。

④ 要選對地點

開會地點非常重要,選擇一個方便大家到達以及不受干擾的地點是非常重要的。但是不一定非要選在溪頭、墾丁、杉林溪或度假勝地不可,最好的地點就是上班的地方以及一個不受干擾的會議室,開會時規定不准接電話或接手機。

⑤ 要有風度

會議中不作批評、抱怨與責備的事。如果真要批評、抱怨或責備時,要儘量的婉轉以及不要作人身攻擊。還是辦不到的話,則最好閉上嘴巴或含支棒棒糖。

⑥ 要作記錄

再好的頭腦不如一支爛筆頭,會議中任何的意見、創意點子或決議事項都必須詳細記錄,以備參考。

⑦ **要有結論**

　　無論會議的主題大或小，一定要有結論。有結論就有努力的目標與執行的依據。結論中應包括執行事項、任務分工、執行時程與下一次開會的日期。

⑧ **要追蹤調查**

　　散會後必須定期作追蹤調查，以便瞭解計畫的執行進度。

⑨ **要公告周知**

　　計畫執行後，必須將執行成果公告周知，以作爲其他未參與者的經驗交流與研究參考。

⑩ **要及時獎勵**

　　計畫執行後，無論成果好壞，都要及時獎勵，既使是口頭或書面獎勵也可以。至於有做不好的地方，則相互共勉之。

圖 3-2 除非任務需要，否則不要輕易召集人來開會。

3-4 創意執行長的概念

一、創意執行長的定義

只要能圓滿的解決問題或達成既定規劃的創意構思者，即為創意執行長。創意執行長不只是一個頭銜或名詞而已，它更是一種認知與動詞。團隊中或許只有一位創意執行長的頭銜，但是團隊的每一份子卻都必須以創意執行長自居。因為能夠發現問題與解決問題者，並不是特定人物的專利或特權，團隊中的每一份子都可以隨時發現問題與解決問題。所以說，從發現問題、提出構思、規劃、執行到評鑑而能圓滿解決問題與達成目標者，就是創意執行長。例如，胡椒粉工廠的作業員將瓶蓋孔面積加大二成即可在不增加任何行銷成本之下，提高二成的營業額，該作業員就是創意執行長。

我們不能忽略每一位員工的創意與創造力，身為領導者不能自以為是，更不能被頭銜所迷惑，如果團隊的每一份子不能被視創意執行長，那是對人的漠視，更是團隊的損失。

一位成功企業家的背後，應該有一群優秀的創意執行團隊。因為企業家不是神，縱然世俗的光環集於企業家一身，但是別忘了榮耀的歸屬。然而世人也應該認清造神運動的結果，只會減損人與團隊的創意和創造力，因為沒有人希望自己比別人笨，又不希望笨的人為自己或團隊工作。

二、創意執行長的認知

身為團隊中的創意執行長，應該要有以下幾點認知（圖 3-3）：

① 充分的授權與被授權

「疑人不用，用人不疑！」一個不懂得授權與被授權的團隊，只是一個跛腳的團隊。一個獨攬大權的領導者，凡事親自出馬不假他人之手，看起來是聰明能幹謹慎小心，實則是心胸狹隘、愚蠢至極，因為沒有人是全知全能的。雖然領導者可以利用威權領導來收一時之效，但是長久之後，團隊便會變得陽奉陰違，敷衍了事甚至於開始裝笨混日子，最後損失的還是老闆本身。反之，一個懂得授權與被授權的團隊，不一定能夠成功，但是絕對有機會成為一個令人敬畏的勁旅。再者是，創

意思考訓練只是過程而已，如果團隊在實施創意思考訓練時，未獲得上級充分的授權，那再好的創意構思也只能說一說或玩一玩就算了，千萬別當眞。

② **少批評多讚美**

「人因批評而變笨，因讚美而變聰明！」以前一位蓋木屋的老闆，經常罵工人笨；說他的工人沒有一個比他行的，只要工人稍爲做不好就當衆破口大罵，毫不留情面給工人；最後是這位老闆到處欠債躲債，但是卻沒有聽到他的工人當中有人餓死的。

如果身爲執行長的不懂得讚美員工，那最好是閉嘴少批評，更別忘了「揚善於公堂，歸過於私室」這句話永遠受用。同樣的是，如果批評責備有效的話，應該一次就夠了，爲什麼要一而再，再而三。

③ **少訓話多傾聽**

「訓話是支出，傾聽是收入！」、「多傾聽與多觀察可以增長智慧！」創意執行長應該扮演傾聽的角色，而不是訓話的角色；要多多傾聽員工的看法或心聲，只有傾聽才能瞭解問題與發現問題所在。

④ **懂得關心**

「關心是員工最好的福利！」企業爲了鼓勵員工創新而設立許多獎勵機制，這固然值得鼓勵；但是別忘了，適當的關心比實質的獎勵更重要。因爲大部份部分的員工的價值觀，是追求被肯定與被認同的成就感而不是優沃的獎金或配股。一位懂得關心員工的執行長談不上成功與偉大，但是絕對不是一位糟糕的執行長。

⑤ **有擔當**

「爭功諉過誰不會，推卸責任從三歲！」爭功諉過推卸責任是人的本性，從小不用學就會。但是能夠承擔責任有擔當者，則是執行長應該有的作爲；如果執行長只會爭功諉過推卸責任，那這種人在街上一大堆隨便找就有，也更談不上是創意執行長了。

⑥ **善於鼓舞士氣**

「良好的工作環境與氣氛可以提高生產力，工作氣氛的營造比待遇重要！」良好的工作環境與氣氛可以讓員工全心投入工作且樂在工作中，而氣氛的營造則有賴於執行長的帶動。可惜的是有近七成的工作環境與氣氛並不佳，所以當老闆在抱怨員工流動率太高或忠誠度不佳時，更應該反省工作環境與氣氛爲何如此的糟糕。

⑦ **善於隨機應變**

「不怕一萬，只怕萬一！」創業或創新失敗的機率永遠高於成功的機率，如果事先設好停損點與應變措施，剩下來的就是往前衝了。

⑧ **善於規劃**

「凡事豫則立，不豫則廢！」沒有規劃就無法爭取預算與經費或知道計畫所需之經費，沒有經費就不能執行計畫更談不上評鑑。

⑨ **善於行銷**

「產品的價值往往決定在行銷策略上！」創意執行長的責任，就是將人與產品透過行銷的方式推薦給需要的單位與消費者；他除了要具備上述能力與認知之外，也必須善於將團隊與產品行銷出去，讓外界認識團隊與團隊所研發的產品或商品。

⑩ **幽默**

「幽默是最好的創造力！」幽默可以化阻力為助力，是人際關係的潤滑劑。幽默是一種容忍挫折、失敗與挑戰的心理反應，更是一種同理心與自知之明的表現。幽默是一種「發乎情、止乎理」的說話藝術，更是一種機智、自嘲、調侃與風趣的表現，具幽默感的執行長永遠受歡迎。

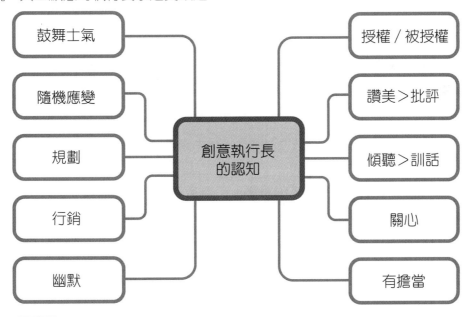

圖 3-3 創意執行長應有的認知。

3-5 創意策略運用的種類

　　創意思考策略的種類可以概分為擴散式、聚斂式與兩者兼具者。擴散式思考是根據既有的訊息進行討論，尋找多種可行的方法，沒有固定的結論，可以進行多樣化的思考。聚斂式思考則是以舊有知識與經驗為思考依據，去尋找正確的答案，就像是單選題一樣，結論只有一個。兩者搭配的作法一般是先以擴散式思考後，再以聚斂式思考整理出一個可行的處理方式。

　　除了使用以上的方式之外，也可以用任務與訓練目的來區分，例如：

① 適合從事語文訓練的創造思考策略

　　該種語文創造思考策略可以運用在本土語言或外國語言的訓練上，以本土語言為例，如：同部首、疊字詞、成語作文、接力作文、趣味作文、編寫短劇或故事評論等即是。

② 適合從事圖像訓練的策略

　　該種創意思考策略是以吉爾福特擴散性思考策略為主，例如：擴充圖形的單位、擴充圖形的分類、擴充圖形的關係、擴充圖形的系統、擴充圖形的轉換、擴充圖形的應用等即是。

③ 適合從事分析判斷與歸納的策略

　　該種創意思考策略則是以威廉氏創造思考策略為主，例如：矛盾、歸因、類似、辨別差異、激發性問題、變化的事例、習慣的事例、有計劃性的隨機探求、探索的技術、容忍曖昧的事物、直觀表達、發展的調適、研究創造者與創造過程、評鑑情境、創造性閱讀技巧、創造傾聽技術、創造性寫作技術與視覺化技術等運用策略。

④ 適合從事問題界定與建立模式的策略

　　該種創意思考策略則是以懷邦創造思考策略為主，如：組織資料、建立語彙、自我導向問題、關鍵性問題、界定問題、推廣延伸、研究事物間的關係、了解與關聯、組合再組合、形成概念、將知覺簡化為符號、意象的運作、建立模式、符號式的思考、分析過程、構圖結構、知覺的審視、延緩判斷、刻意扭曲與自由聯想等運用策略。

⑤ **適合從事研究發展與創新發明的策略**

　　該種創意思考策略則是以一般創造思考策略爲主，如：腦力激盪法、屬性列舉法、型態分析法、分合法、目錄檢查法、自由聯想法、檢核表技術、6W 檢討法、角色扮演、夢想法、分類法、範例法、資料修正法、改變類別。另外尚有 1960 年英國學者東尼・伯森（Tony Buzan）所發明的心智圖法、1953 年日本石川馨敎授所發明的魚骨圖法（特性要因圖法）、1946 年蘇聯發明家 Genrish. Altshuller 所發明的 TRIZ 法（Teoriya Resheniya Izobretatelskikh Zadatch，發明家式的解決問題理論）等。至於腦力激盪法的創意思考策略自從奧斯本（Osborn, 1963）發明以來，一直不斷有改良式的腦力激盪法出現。例如由日本三菱樹脂公司發明的筆記式腦力激盪法（MBS 法）、日本廣播協會（NHK）發明的會前卡片式腦力激盪法（NBS 法）、日本創造開發研究所所長高橋誠發明的卡片式腦力激盪法（CBS 法）、德國人發明的 635 默寫式腦力激盪法以及由美國帕尼斯（Parnes, 1967）學者發明的創造性問題解決法（CPS 法）等。另外，還有 3322 法、66 檢討法、KJ 法、蓮花圖法、六頂思考帽法、六雙行動鞋法、曼陀羅法、強力組合法、淘汰法、熱點法、七何法（係 6W 檢討法的改良）等運用策略。

　　創意思考策略的種類雖然多，但是可以因人、事、時、地、物而加以區分或調整，並非一成不變。例如，訓練或策略運用對象是誰？任務與目的爲何？可利用的時間有多少？是短期的，還是長期的？訓練或開會的地點在哪裡？適不適合用來從事創意思考訓練？研究的標的與主題爲何？標的與主題的定義是否恰當？這些都是策略運用時必須先考慮的問題，如此才能做到「對症下藥、藥到病除」，達到眞正解決問題的目的。另外，策略運用時也必須注意到其時效、可靠度與實施成本。對於同一問題的解決，如果實施成本高、時間長，但是效度與信度高；不如選擇成本低、時間短，但是效度與信度尚可的策略來實施。也可以說，不一定是成本高、操作時間長的策略，就是最好的創意思考策略。

3-6 60 分鐘的創意策略運用

　　創意思考策略不勝枚舉,其「運用之妙,存乎一心!」。創意思考策略運用成功的基本條件,就是要讓團隊操作起來覺得非常順暢又有效率。而不是一些繁瑣的操作程序以及一些讓人覺得不知所云的專有名詞或專業術語。任何策略的運用,都必須假設每一個人的時間是非常寶貴的。如果可以一個人可以解決的事,就不需要麻煩到其他人。同理,如果只要湊成三個人就可以解決問題,那也不需要找一大堆人來充場面。要知道腦力激盪與創意思考活動實施起來動輒 1~2 小時,甚至於更久。因此多找一個人來參與活動,生產線上便少了一個人在工作,除非腦力激盪與創意思考活動是必修課程。

　　前述已經提過腦力激盪與創意思考活動,不是開會時間越久就越有效率。而且腦力激盪與創意思考活動,也不像是在開週會、月會、季會或年會般的偶一為之。最好是每天一次,而且時間不要超過一小時。像跑馬拉松一樣,讓大家的腦力隨時保持在最佳狀態。在這先決條件以及上述的基本認知下,便可以挑選一些適合在一小時內實施完畢的創意思考策略來做腦力激盪與創意思考活動(圖 3-4)。

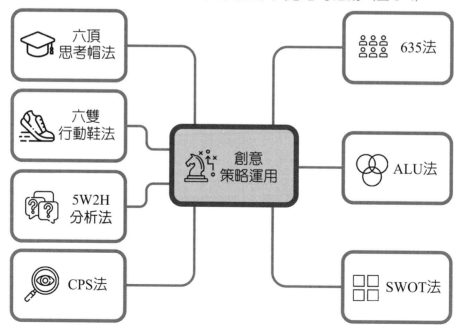

圖 3-4 適合在一小時內實施完畢的創意思考策略。

一、635 法

　　所謂的「635」，是指以 6 人為一組，每人提 3 個想法，加上 5 次的循環來激發創意思考的方法，執行方式如下：

① 選定主題：例如「如何建構創意設計中心？」

② 6 人一組：在每個人的面前放置 635 卡（圖 3-5）。

圖 3-5 635 卡。

③ 3 個想法：每個人都必須在卡片上寫出 3 個構想，並在 3 分鐘內完成，已寫過的就不能再寫，如圖 3-6 所示。

高薪聘請創意執行長	全面實施創意思考訓練	設立發明博物館

圖 3-6 先在 635 卡上寫出 3 個構想。

④ 5 次循環：3 分鐘一到，每個人依順時針或逆時針將卡片傳給右鄰，共 5 次循環，可得到 108 個構想，如圖 3-7 ～ 3-8 所示。

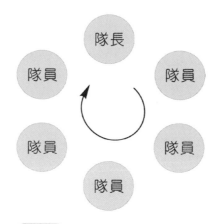

圖 3-7 635 卡傳遞循環圖。

高薪聘請創意執行長	全面實施創意思考訓練	設立發明博物館
招攬多元創意設計人才	招攬各國創意設計人才	全面實施美學與力學訓練
全面實施音樂與舞蹈訓練	發展 3C 產品	設立創意直通車
設立創造力人力銀行	設立精品百貨公司	設立全球化創意設計中心
經營創意文化產業	發展家用產品	設立電視與網路購物站
發展個性化產品	設立創意設計大學	成立創意拍賣網與論壇

圖 3-8 完成循環之 635 卡之一。

⑤ 分類：將 635 卡片剪下，並予以分類；分類後之卡片貼在海報上，並且給予適當的標題，如圖 3-9 所示。

⑥ 說明與討論：針對個人或各組之構想提出說明與討論。

⑦ 建議與結論：針對個人或各組所發表與討論之構想提出建議並作成結論。

⑧ 任務分派：針對建議與結論部分作任務分派。

⑨ 作成記錄：將會議建議、結論與任務分工做成記錄以便追蹤調查。

⑩ 宣讀與散會：宣讀會議記錄、任務分工、下一次開會時間與宣布散會。

　　此腦力激盪活動實施前段利用 635 法作創意點子激發，係屬於擴散式創意思考；而活動後段藉由說明與討論、建議與結論等會議程序與手段來達成目標，則係屬於聚斂式創意思考。總計實施時間為 60 分鐘，各階段必須嚴格控制時間，以利會議的進行，因此在腦力激盪活動實施前必須先作好會議任務分工，如表 3-1 所示。

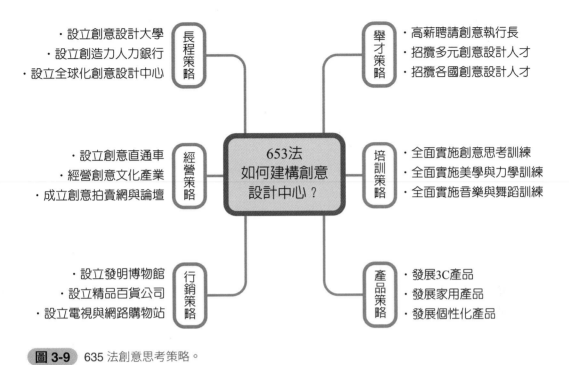

・設立創意設計大學　長程策略　舉才策略　・高薪聘請創意執行長
・設立創造力人力銀行　　　　　　　　　　・招攬多元創意設計人才
・設立全球化創意設計中心　　　　　　　　・招攬各國創意設計人才

653法
如何建構創意
設計中心？

・設立創意直通車　經營策略　培訓策略　・全面實施創意思考訓練
・經營創意文化產業　　　　　　　　　　　・全面實施美學與力學訓練
・成立創意拍賣網與論壇　　　　　　　　　・全面實施音樂與舞蹈訓練

・設立發明博物館　行銷策略　產品策略　・發展3C產品
・設立精品百貨公司　　　　　　　　　　　・發展家用產品
・設立電視與網路購物站　　　　　　　　　・發展個性化產品

圖 3-9 635 法創意思考策略。

表 3-1 腦力激盪會議任務分工。

職稱	任務
組　長	會議運作、敦親睦鄰
副組長	收集問題、評估任務
祕　書	文書記錄、提供差遣
康　樂	帶動氣氛、安排活動
公　關	安排發言、危機處理
司　儀	程序掌控、時間掌控

附註：原則上任務不變而職稱可以依實際參與人數而定，一個人可以身兼數職。

創意思考的策略運用

3

4

5

6

7

8

二、ALU 法

「ALU」是 Advantages（優點或利益）、Limitations（缺點或限制）、Unique connection（獨特的聯結）三個英文字詞的縮寫，此種思考方法是針對一個主題做發想，找出其優缺點，再將優點放大、缺點去除，然後依照其特性做計劃，執行方式如下：

① 選定主題：例如「如何建構創意設計中心？」

② 創意激發：針對主題，個人或各組將創意構想直接寫在壁報上，例如：招攬多元創意設計人才。

③ 分析：將創意構想的優點或利益（Advantages）、缺點或限制（Limitations）、獨特的聯結（Unique connection）與具體行動（Action）等項目分別寫在壁報上作分析，如圖 3-10 所示。

④ 其他程序可以參考 635 法。

如果時間許可的話，ALU 法實施的前段可以利用 635 法來創造創意構想，透過篩選後再作構想的分析以及進行後續的程序，不過原則上還是希望在 60 分鐘內完成之。

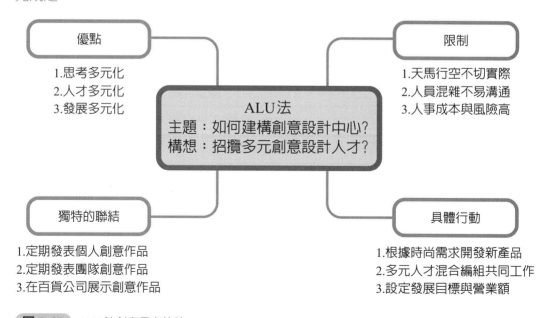

圖 3-10 ALU 法創意思考策略。

三、SWOT 法

「SWOT」是 Superior（優勢）、Weak（劣勢）、Opportunity（機會）、Threat（威脅）四個英文字詞的縮寫，此種思考方法是分別就一個主題的四個面向做分析，然後再評估後提出具體作法，執行方式如下：

① 選定主題：例如「如何建構創意設計中心？」

② **優勢（Superior）分析：**針對主題，每一個人或每一組提出所有可能的競爭優勢來。

③ **劣勢（Weak）分析：**針對主題，每一個人或每一組提出所有可能的競爭劣勢來。

④ **機會（Opportunity）分析：**針對主題，每一個人或每一組提出所有可能的競爭機會來。

⑤ **威脅（Threat）分析：**針對主題，每一個人或每一組提出所有可能的競爭威脅來。

⑥ 評估與改善：就優勢與機會部分提出事實評估，針對劣勢與威脅部分提出具體的因應之道，如圖 3-11 所示。

⑦ 其他程序可以參考 635 法。

所謂「知己知彼，百戰不殆」，藉由 SWOT 法可以幫助企業體瞭解自己的優勢、劣勢、機會以及威脅所在，再透過事前的資料蒐集與團隊腦力激盪的方式，更容易瞭解事實與提出具體的因應之道。

圖 3-11 SWOT 法創意思考策略。

四、六頂思考帽法

　　六頂思考帽法是以六種顏色的帽子代表六種思維的角色，可以從不同面向對問題給予足夠的重視和充分的考慮，執行方式如下：

① 選定主題：例如「建構創意設計中心」（圖 3-12）。

② **白帽思考——客觀評估：**發問或發表意見時請**舉**起白帽，針對主題提出個人或各組所蒐集的數據和資料，並且作客觀的評估。

③ **紅帽思考——直覺合理化：**發問或發表意見時請**舉**起紅帽，針對主題提出個人或各組的直覺或感覺，並且提出合理的說明。

④ **黑帽思考——合邏輯的否定：**發問或發表意見時請**舉**起黑帽，針對主題提出個人或各組的反對意見或負面看法，並且提出合理或合乎邏輯的解釋。

⑤ **黃帽思考——合邏輯的肯定：**發問或發表意見時請**舉**起黃帽，針對主題提出個人或各組的贊成意見或正面看法，提出合理或合乎邏輯的解釋，並且找出主題有**關**的可行性與優點來。

⑥ **綠帽思考——提出創新點子：**發問或發表意見時請**舉**起綠帽，針對主題提出個人或各組的創新點子與構想來。

⑦ **藍帽思考——審慎思考作抉擇：**發問或發表意見時請**舉**起藍帽，針對個人或各組所提出的創新點子與構想，作審慎的思考與抉擇。

⑧ 其他程序可以參考 635 法。

　　六頂思考帽法實施時，個人或各組請先準備好六種顏色的帽子（圖樣或紙製帽即可），發問或發表時請高**舉**各有定義的帽子，好讓其他人或組別可以立刻明白問題的屬性。當然主席也可以依照順序先討論一次，時間充裕的話可以作修正或補充說明。實施後一定要有結論與執行時間表以及上述策略之必要程序。

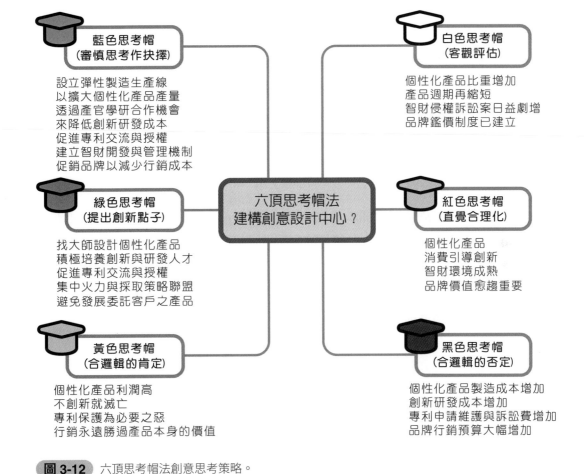

藍色思考帽
(審慎思考作抉擇)

設立彈性製造生產線
以擴大個性化產品產量
透過產官學研合作機會
來降低創新研發成本
促進專利交流與授權
建立智財開發與管理機制
促銷品牌以減少行銷成本

綠色思考帽
(提出創新點子)

找大師設計個性化產品
積極培養創新與研發人才
促進專利交流與授權
集中火力與採取策略聯盟
避免發展委託客戶之產品

黃色思考帽
(合邏輯的肯定)

個性化產品利潤高
不創新就滅亡
專利保護為必要之惡
行銷永遠勝過產品本身的價值

六頂思考帽法
建構創意設計中心？

白色思考帽
(客觀評估)

個性化產品比重增加
產品週期再縮短
智財侵權訴訟案日益劇增
品牌鑑價制度已建立

紅色思考帽
(直覺合理化)

個性化產品
消費引導創新
智財環境成熟
品牌價值愈趨重要

黑色思考帽
(合邏輯的否定)

個性化產品製造成本增加
創新研發成本增加
專利申請維護與訴訟費增加
品牌行銷預算大幅增加

圖 3-12 六頂思考帽法創意思考策略。

五、六雙行動鞋法

　　六雙行動鞋代表的是六種不同的行動模式，執行方式如下：

① 選定主題：建構創意設計中心！如圖 3-13 所示。

② **深藍海軍鞋——慣例與形式：**發問或發表意見時請舉起藍鞋圖樣，針對主題在行動或執行時，提出所有已經存在的行事慣例與形式。

③ **灰色運動鞋——情報與資訊：**發問或發表意見時請舉起灰鞋圖樣，針對主題在行動或執行時，提出所有已獲取的情報與資訊。

④ **棕色便鞋——務實與彈性：**發問或發表意見時請舉起棕鞋圖樣，針對主題在行動或執行時，提出所有務實與彈性的作法。

⑤ **橘色橡皮鞋——危機與警訊：**發問或發表意見時請舉起橘鞋圖樣，針對主題在行動或執行時，提出所有可能遇到的危機以及如何建立安全警訊機制。

⑥ **粉紅色拖鞋——同理與敏感：**發問或發表意見時請舉起粉紅鞋圖樣，針對主題在行動或執行時，提出所有可能遇到同理性與敏感性的問題。

⑦ **紫色馬靴——領導與掌控：**發問或發表意見時請舉起紫鞋圖樣，針對主題在行動或執行時，提出所有可以領導與掌控的問題。

⑧ 其他程序可以參考 635 法。

　　六雙行動鞋法與六頂思考帽法對於問題的設定與定義有所不同，六頂思考帽法屬於全面概觀性的思考，而六雙行動鞋法則偏向行動與執行面的思考。如果時間允許的話，可以同時實施六頂思考帽法與六雙行動鞋法創意思考策略，讓思考與行動從頭到腳貫徹到底。

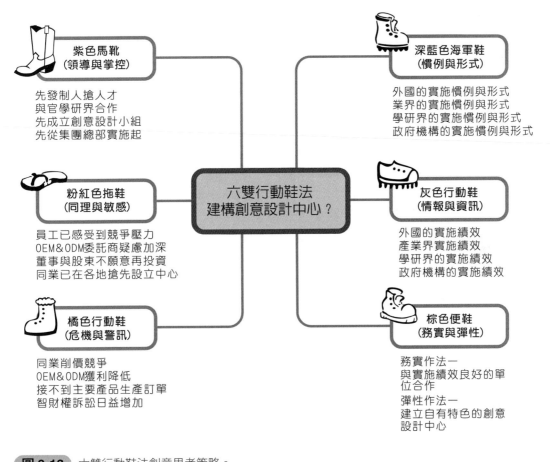

紫色馬靴
（領導與掌控）

先發制人搶人才
與官學研界合作
先成立創意設計小組
先從集團總部實施起

粉紅色拖鞋
（同理與敏感）

員工已感受到競爭壓力
OEM&ODM委託商疑慮加深
董事與股東不願意再投資
同業已在各地搶先設立中心

橘色行動鞋
（危機與警訊）

同業削價競爭
OEM&ODM獲利降低
接不到主要產品生產訂單
智財權訴訟日益增加

六雙行動鞋法
建構創意設計中心？

深藍色海軍鞋
（慣例與形式）

外國的實施慣例與形式
業界的實施慣例與形式
學研界的實施慣例與形式
政府機構的實施慣例與形式

灰色行動鞋
（情報與資訊）

外國的實施績效
產業界實施績效
學研界的實施績效
政府機構的實施績效

棕色便鞋
（務實與彈性）

務實作法－
與實施績效良好的單
位合作
彈性作法－
建立自有特色的創意
設計中心

圖 3-13 六雙行動鞋法創意思考策略。

六、CPS 法（創造性問題解決法）

① 選定主題：如何建構創意設計中心？如圖 3-14 所示。

② **發現困惑（Mess Finding）**：針對主題提出疑問。例如為什麼要成立創意設計中心？其成立的動機、背景與目的為何？有沒有其他替代方案等。

③ **發現事實（Data Finding）**：針對主題提出所有獲取的情報與資訊。例如有沒有類似的單位或機構已經成立創意設計中心？有的話則其經營績效如何？沒有的話則又如何建構與評估效益。

④ **發現問題（Problem Finding）**：針對主題提出所有可能發生或可能衍生出來的問題。例如成立創意設計中心所需的人力、資源、空間為何？優勢在哪裡？劣勢在哪裡？機會在哪裡？威脅在哪裡？

⑤ **發現解答（Solution Finding）**：針對主題所衍生出來的問題提出解答，包括情報資料與數據等。例如提出成立創意設計中心的 SWOT 分析。

⑥ **發現構想（Idea Finding）**：針對主題、相關資料以及可能衍生的問題提出自己的創意構想與具體行動來。例如成立創意設計中心時要高薪聘請創意執行長、廣招多元創意人才、設立創意直通車、創造力人力銀行、產官學研合作計畫等。也可以參考 ALU 法、六頂思考帽法與六雙行動鞋法的定義提出創意構想來。

⑦ **尋求接受（Acceptance Finding）**：針對主題所衍生出來的創意構想與具體行動，進行討論或表決以爭取大多數人的認同。

⑧ **行動——新的挑戰（New Challenges）**：針對主題所作成的決議與結論，作任務分配與提出執行時間表來。

⑨ 其他程序可以參考 635 法。

　　CPS 法是一種循序漸進的方法，從發現困惑到行動為止思維脈絡一以貫之。其中的發現困惑、事實與問題比發現解答與構想更重要，尤其是所蒐集的資料越完整以及對問題的描述越清楚，則越容易找到解答、構想與具體行動。

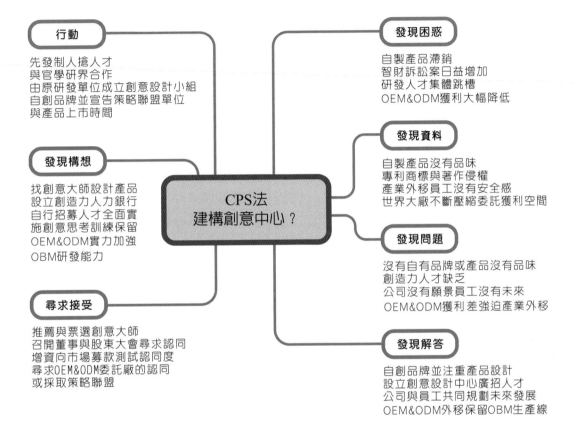

行動

先發制人搶人才
與官學研界合作
由原研發單位成立創意設計小組
自創品牌並宣告策略聯盟單位
與產品上市時間

發現構想

找創意大師設計產品
設立創造力人力銀行
自行招募人才全面實
施創意思考訓練保留
OEM&ODM實力加強
OBM研發能力

尋求接受

推薦與票選創意大師
召開董事與股東大會尋求認同
增資向市場募款測試認同度
尋求OEM&ODM委託廠的認同
或採取策略聯盟

CPS法
建構創意中心？

發現困惑

自製產品滯銷
智財訴訟案日益增加
研發人才集體跳槽
OEM&ODM獲利大幅降低

發現資料

自製產品沒有品味
專利商標與著作侵權
產業外移員工沒有安全感
世界大廠不斷壓縮委託獲利空間

發現問題

沒有自有品牌或產品沒有品味
創造力人才缺乏
公司沒有願景員工沒有未來
OEM&ODM獲利差強迫產業外移

發現解答

自創品牌並注重產品設計
設立創意設計中心廣招人才
公司與員工共同規劃未來發展
OEM&ODM外移保留OBM生產線

圖 3-14 創造性問題解決法創意思考策略。

4
5
6
7
8

七、5W2H 分析法

5W2H 分析法又稱為七何分析法，其內容為：

① **Why（為什麼？）**：為什麼要做？

② **What（是什麼？）**：要做什麼工作？

③ **Who（誰？）**：由誰來做？

④ **When（何時？）**：什麼時候做？

⑤ **Where（何處？）**：在哪裡做？

⑥ **How（如何？）**：要怎麼做？

⑦ **How much（多少？）**：成本花費有多少？

5W2H 分析法是用七個面向的提問來思考問題的一種邏輯思考方式，最初是二戰期間由美國陸軍的兵器修理部提出，因為容易理解與操作，後來被廣泛運用。創造力高的人總是善於提問，而能對問題不斷思考，就可能發現新的知識與創意，從而解決問題。

評鑑方式

① 敏覺力的評量：就 635 法、ALU 法、SWOT 法、六頂思考帽法、六雙行動鞋法或 CPS 法的圖像表現與視覺效果予以評分。

② 流暢力的評量：就 635 法、ALU 法、SWOT 法、六頂思考帽法、六雙行動鞋法或 CPS 法的組織架構與文字敍述是否流暢予以評分。

③ 變通力的評量：就 635 法、ALU 法、SWOT 法、六頂思考帽法、六雙行動鞋法或 CPS 法中所提出的構思與解決方案是否具有變通性予以評分。

④ 精密力的評量：就 635 法、ALU 法、SWOT 法、六頂思考帽法、六雙行動鞋法或 CPS 法中所提出的構思與解決方案是否具體可行予以評分。

⑤ 獨創力的評量：就 635 法、ALU 法、SWOT 法、六頂思考帽法、六雙行動鞋法或 CPS 法中所提出的構思與解決方案是否具有獨到或與眾不同予以評分。

⑥ 表達力的評量：個人或團隊報告時就其表達能力部分予以評分。

⑦ 合作性的評量：團隊實施 635 法、ALU 法、SWOT 法、六頂思考帽法、六雙行動鞋法或 CPS 法創意思考策略過程中的合作性予以評分。

綜合演練

一、是非題（每題 10 分，共計 10 題，100 分。）

1. （　）2022 年爲止統計的台灣中小企業的家數超過 159 萬家，占全體企業逾 98%；亦卽全台灣人口中每百人卽有 7 人是中小企業主，而且大部分的中小企業主對創意思考的策略運用非常熟悉。

2. （　）創意思考或創意點子是專業人士的專利。

3. （　）敏銳的觀察力或察言觀色的能力是創造力的一種，也是面對危機與面對問題的一種重要能力。

4. （　）變通力或舉一反三的能力是創造力的一種，也是面對危機與面對問題的一種重要能力。

5. （　）想像力是創造力的一種，也是解決危機與解決問題的一種重要能力。

6. （　）執行力是創造力的一種，也是達成目標或達成任務的一種重要能力。

7. （　）創意思考訓練可以增強企業主面對危機、處理危機以及達成目標的能力。

8. （　）創業家或企業主對創意思考策略運用的態度比專業能力重要。

9. （　）運 635 法的創意思考策略可以讓 5 人的團隊在指定的時間內產生 90 個不一樣的創意點子來。

10. （　）SWOT 法非常適合用來診斷企業的競爭力。

二、練習題

　　請嘗試利用 635 法、ALU 法、SWOT 法、六頂思考帽法、六雙行動鞋法或 CPS 法創意思考策略來演練下列主題，原則以 60 分鐘爲主，必要時可以延長演練時間。

1. 如何成爲最受歡迎的漫畫家？
2. 如何成爲最受歡迎的小說家？
3. 如何成爲最受歡迎的演講家？
4. 如何成爲最受歡迎的發明家？
5. 如何建構網路卡啦 OK 吧？
6. 如何建構創意點子拍賣網？

7. 如何建構創造力人力銀行？

8. 如何建構網路專利商標事務所？

9. 如何建構網路會計師事務所？

10. 如何建構網路律師事務所？

11. 如何建構網路發明博物館？

12. 如何建構網路家教？

13. 如何以最少的花費完成環遊世界計畫？

14. 如何建構微型美食加盟王國？

15. 如何建構網路音樂創作網？

16. 如何建構網路張老師服務網？

17. 如何建構網路健康檢查醫院？

18. 如何建構全功能手機？

19. 如何建構全功能筆記型電腦？

20. 如何利用簡單的工具完成電腦動畫製作？

21. 如何立即得知買到的蔬果與肉類安全無毒？

22. 如何建構虛擬營養師？

23. 如何建構虛擬理財師？

24. 如何建構虛擬外語老師？

評分表 創意思考的策略運用評分表範例。

學號	1120101	姓名	周易			受測日期			20XX0101
項次	訓練項目	創造力評分							小計
		敏覺	流暢	變通	獨創	精密	表達	合作	
1	635法	2	3	3	3	2	3	3	19
2	ALU法	3	3	3	3	3	3	3	21
3	SWOT法	4	3	4	3	4	4	3	25
4	六頂思考帽法	3	4	4	4	3	4	4	26
5	六雙行動鞋法	3	3	3	3	3	3	3	21
6	CPS法	2	3	3	3	2	3	3	19
分項創造力得分		17	19	20	19	17	20	19	31
分項創造力權值		3.5	3.8	4.5	4.6	4.7	4.3	4.7	4.3
分項創造力等第		甲等	甲等	優等	優等	優等	優等	優等	優等
創造力總權值	4.3								
創造力總等第	優等								

圖像的創意思考訓練

◎ **訓練目標：**
　　熟悉圖像的視角、旋轉、鏡射、偵錯、分類、聯想、組合、色彩與擴充訓練。

◎ **訓練內容：**

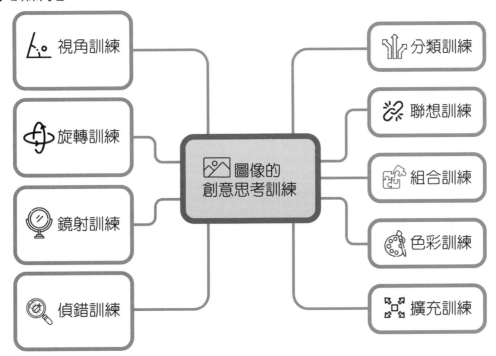

視角訓練　旋轉訓練　鏡射訓練　偵錯訓練

圖像的創意思考訓練

分類訓練　聯想訓練　組合訓練　色彩訓練　擴充訓練

◎ **輔助設備與教材：**
1. 創意思考訓練教室或一般教室。
2. 液晶投影機與筆記型電腦各一部或多功能教學講桌。
3. A4 紙（三種顏色 A4 紙數張）、A1 壁報紙（每組數大張）、剪刀（美工刀或小刀）、膠水、彩色筆一盒（各組自備）。
4. 碼表一只（教師自備）。
5. 評分表、紙上測驗或線上測驗。

4-1 圖像魅力

　　人一生當中接觸圖像的機會遠超過語言、文字、數學與其他多元智慧，相對的圖像對人、社會與歷史的影響也最大。遠古人類便懂得利用圖像將狩獵情形與技巧記錄下來（圖 4-1），以便讓後代子孫學習。而現代人更是懂得利用大量圖像技術與視覺效果，來滿足消費者的胃口與想像力，例如暢銷電影《魔戒》（The Lord Of The Rings）、《哈利波特》（Harry Potter）、《海底總動員》（Finding Nemo）等；暢銷名牌服飾如 L.V.、GUCCI、CHANEL 等；暢銷運動品牌如 NIKE、ADIDAS、PUMA 等。其中德國 ADIDAS 的體育產品結合日本設計大師山本耀司（Yohji Yamamoto）的圖像設計，讓商品更具品味與風格即是圖像魅力的最佳例證。

　　當產品是生活必需且具功效時，則利用圖像方式把商品妝扮得美美的，反而比刻意強調產品功能更為重要。就以手機為例，廠商如果一直刻意的去強調手機的功能，而忽略外形與圖像的美觀，則再好的產品也只能堆在倉庫中孤芳自賞；反之，一款造型亮麗、有酷炫外殼的手機，可能短時間內便能大賣。類似的事情先後發生在蘋果（APPLE）、華碩（ASUS）與新禾（TOSHIBA）等電腦公司身上，此即是利用圖像魅力的最佳例證。

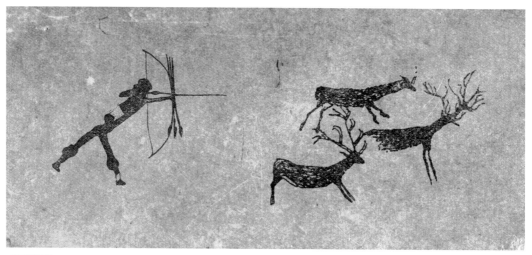

圖 4-1　遠古時代的狩獵壁畫。

4-2 圖像價值

　　圖像是有價的，它可以象徵企業、產品或消費者的「形象、概念、品味、風格、創新、地位、品質、服務」。它是一種無體的財產權，是智慧財產權的一部分，它可為：

① 產業財產權中發明、新型、新式樣（工業設計）、商標、服務標章、商店名號、產地標示的部分或全部。圖像如為商標時，其價值是可以概估的。世界知名品牌如可口可樂（COCA COLA）、迪士尼（DISNEY）、麥當勞（MCDONOLAD'S）、耐吉（NIKE）與蘋果電腦（APPLE）等，其商標都具有極高的價值（圖4-2）。日常生活中常見的「聯名」商品，就是兩個以上的商標共同合作的商業行為。

圖 4-2 世界著名的商標。

② 圖像可展現在發明、新型或新式樣的專利上，成為創新與服務的象徵，如同 Oral-B 人體工學牙刷，其創意點子係源自觀察幼童握持牙刷姿態而獲得的，藉由刷柄與刷頭的獨特樣式設計，使得刷牙更為順暢（圖4-3）。

③ 圖像在著作權中的保護範圍，包括文學、科學、藝術、或其他學術範圍之創作。如卡通圖案中的米老鼠，其智慧財產權屬於迪士尼。其他如繪畫、雕塑等藝術創作也都包含在其中，如台灣的朱銘雕塑。

圖 4-3 歐樂 -B 人體工學牙刷「Oral-B Stages 4」，以新式的造型來達到方便使用的目的。

4-3 圖像能力

　　一般人的大腦依功能的不同，而概略的區分為左腦與右腦，如圖 4-4。其中左腦職司語言、邏輯、數字、數學、順序與語詞，而右腦則職司韻律、節奏、音樂、圖畫、想像與圖案。當然，也有用多元智慧來區分之。例如左腦職司語言理解、記憶、語言（文字）表達、肢體動覺、自然觀察與內省智慧（自知之明、自制力），而右腦則職司音樂智能、記憶、人際智能、語言（文字）聯想、空間感覺與空間視覺，而數學邏輯則介於兩者之間。由此可知職司圖像能力者是屬於右腦的職責。

　　人的圖像能力相當驚人，曾經看過的電影，不管經過的時間再久，只要再次重播，大部分的人會立刻記得電影情節。這也是多數人不願意再花時間重覆看電影的原因，除非那是一部值得一看再看的經典之作。

　　曾有科學家將人的圖像能力作這樣的比喻：「人每天八小時連續不間斷的看不同情節的電影，可以儲存三百萬年的電影圖像資料。」一部電影的放映時間約為 90 分鐘，大約是 720MB 的光碟片（VCD）一片；則八小時的電影其記載容量是 3,840MB，那三百萬年則可以儲存的圖像資料為 4.2×1012MB，相當於 90 分鐘的電影 58 億部。對於一般慣用左腦思考或學習的人，不妨嘗試利用右腦的圖像能力來學習新知與啟發創造力。

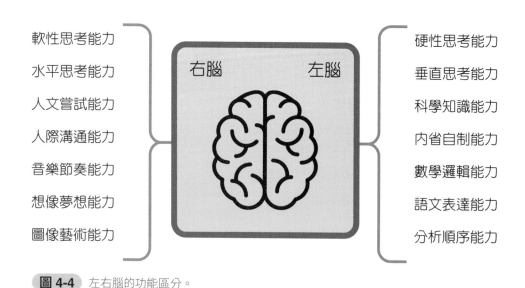

右腦	左腦
軟性思考能力	硬性思考能力
水平思考能力	垂直思考能力
人文嘗試能力	科學知識能力
人際溝通能力	內省自制能力
音樂節奏能力	數學邏輯能力
想像夢想能力	語文表達能力
圖像藝術能力	分析順序能力

圖 4-4 左右腦的功能區分。

4-4 圖像的創造力訓練

圖像能力是想像力與創造力的具體表現，它可以反映事實、思想、情緒、多元智慧與傳遞訊息。而圖像能力是可以被訓練的，也需要被訓練，例如：

① 圖像視角訓練

給定一個立體圖像，請受測者在限定時間內畫出六視圖（正視圖、背視圖、上視圖、仰視圖、左視圖與右視圖），如圖 4-5 所示。

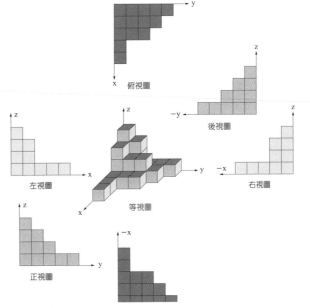

圖 4-5 圖像視角訓練──六視圖的繪製。

(1) 正視圖（Front View）：或稱為前視圖，係站在 x 位置正視立體圖像所看到的平面圖（y,z 所構成之平面圖）。

(2) 背視圖（Back View）：或稱為後視圖，係站在 -x 位置正視立體圖像所看到的平面圖（-y, z 所構成之平面圖）。

(3) 俯視圖（Top View）：或稱為上視圖，係站在 z 位置正視立體圖像所看到的平面圖（x,y 所構成之平面圖）。

(4) 仰視圖（Bottom View）：係站在 -z 位置正視立體圖像所看到的平面圖（-x,y 所構成之平面圖）。

(5) 左視圖（Left View）：係站在 y 位置正視立體圖像所看到的平面圖（x, z 所構成之平面圖）。

(6) 右視圖（Right View）：係站在 -y 位置正視立體圖像所看到的平面圖（-x, z 所構成之平面圖）。

圖像視角訓練之目的，係在測試受測者的繪圖能力。

② 圖像旋轉訓練

　　給定一個圖像，請受測者在限定時間內從一組參考圖像中找出與旋轉相關或無關的圖像來，如圖 4-6 ～ 4-7 所示。其中圖 4-6 中之 (A) 係指定圖像順時或逆時 180°之結果，而 (B)&(C) 係指定圖像之鏡射。而圖 4-7 中之 (C) 係指定圖像之鏡射，而 (A)&(B) 係指定圖像順時 90°與逆時 180°之結果。圖像旋轉訓練之目的，係在測試受測者對於平面座標轉換之能力。

答案	提示	(A)	(B)	(C)
(A)				

圖 4-6 圖像旋轉訓練──找出旋轉圖像者。

答案	提示	(A)	(B)	(C)
(C)				

圖 4-7 圖像旋轉訓練──找出非旋轉圖像者。

③ 圖像鏡射訓練

　　給定一個圖像，請受測者在限定時間內從一組參考圖像中找出與鏡射相關或無關的圖像來，如圖 4-8 ～ 4-9 所示。其中圖 4-7 中之 (B) 係指定圖像之鏡射，而 (A)&(C) 係指定圖像順時 90°與逆時 90°之結果。而圖 4-8 中之 (B) 係指定圖像逆時 90°之結果，而 (A)&(C) 係指定圖像之鏡射。圖像鏡射訓練之目的，係在測試受測者對於平面座標轉換之能力。

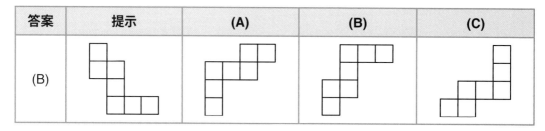

答案	提示	(A)	(B)	(C)
(B)				

圖 4-8 圖像鏡射訓練──找出鏡射圖像者。

答案	提示	(A)	(B)	(C)
(B)	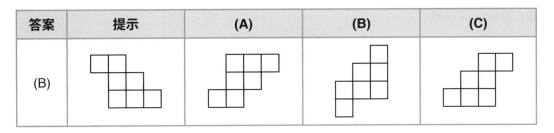			

圖 4-9 圖像鏡射訓練──找出非鏡射圖像者。

④ 圖像偵錯訓練

　　給定一組圖像，請受測者在限定時間內找出彼此的差異來，如圖 4-10 所示。其中非相似之處為臉部、手部與球鞋部分。圖像偵錯訓練之目的，係測試受測者的敏覺力與觀察能力。

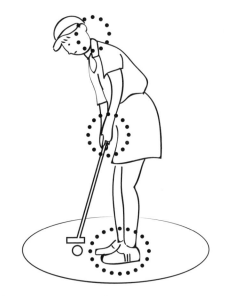

圖 4-10 圖像偵錯訓練──圈選出非相似之處。

⑤ 圖像分類訓練

給定一組圖像，請受測者在限定時間內找出非同類者，如圖 4-11 所示。其中被虛線圓圈圈選者為非同類者。圖像分類訓練之目的，係在測試受測者的敏覺力與邏輯推理能力。

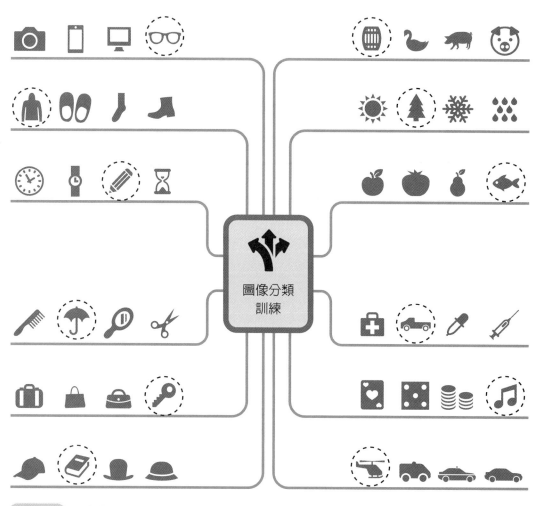

圖 4-11　圖像分類訓練——將不同類型的物品圈選出來。

⑥ 圖像聯想訓練

給定一個圖像，請受測者在限定時間內寫出或畫出相關的圖像來，如圖 4-12 所示。參考答案可為：被電梯門夾住的蝴蝶結、Kiss、喇叭、扯鈴、警告標誌（小心夾手）、鏡射、庭院深鎖、喇叭鎖、接吻魚、簡支梁、榔頭、酒杯、鈴鼓、筷子的支架、鬥雞眼、蜻蜓點水、蹺蹺板、游標、蝴蝶、焊接等。

圖 4-13 之參考答案可為：科學儀器、通訊工具、交通工具、醫藥、音樂、人物、辦公用品與休閒娛樂用品等。

圖像聯想訓練之目的，係在測試受測者的流暢力、變通力、獨創力與精密力。

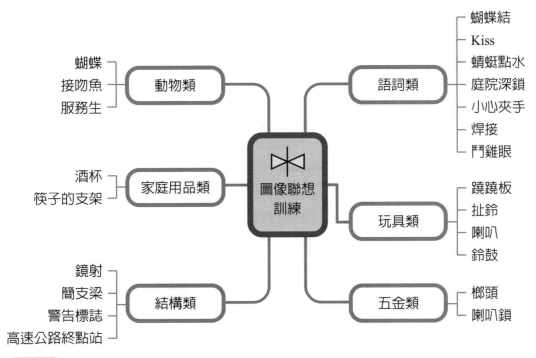

圖 4-12 圖像聯想訓練——寫出與圖像有關的聯想。

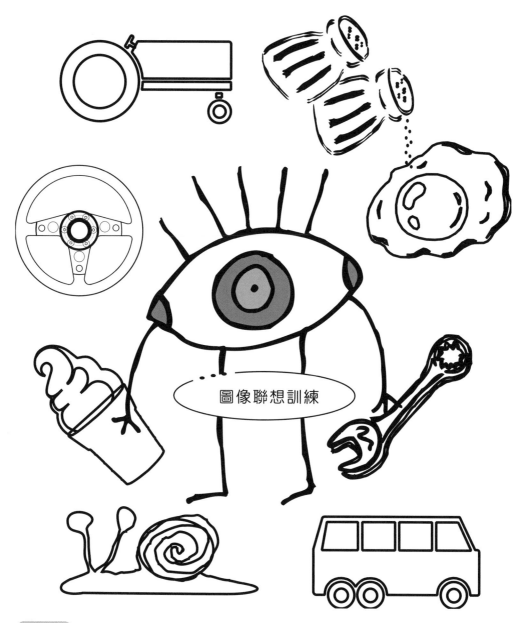

圖像聯想訓練

圖 4-13 圖像聯想訓練——畫出與「圓形」有關的圖像。

⑦ 圖像組合訓練

　　給定一組幾何圖像，請受測者在限定時間內拼湊相關的圖像來，如圖 4-14 ～ 4-15 所示。其中圖 4-14 為與人有關的組合，而圖 4-15 係人之外的組合。圖像組合訓練之目的，係在測試受測者的流暢力、變通力、獨創力、精密力與圖像之組合能力。

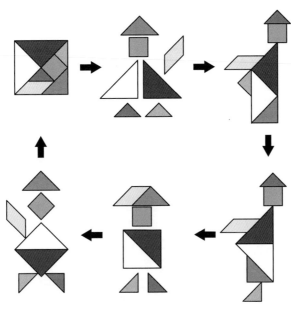

圖 4-14 圖像組合訓練——與「人」有關的圖像。

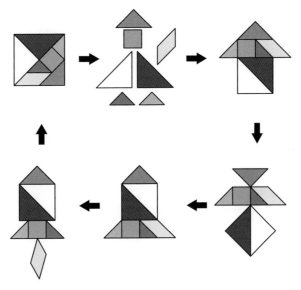

圖 4-15 圖像組合訓練——「人」之外的圖像。

⑧ 圖像色彩訓練

　　給定一個圖像，請受測者在限定時間內寫出與色彩有關的聯想與象徵，如圖4-16所示。其中之紅色聯想為太陽，而象徵為熱情，其他顏色則依此類推。圖像色彩訓練之目的，係在測試受測者的聯想力與視覺認知能力。

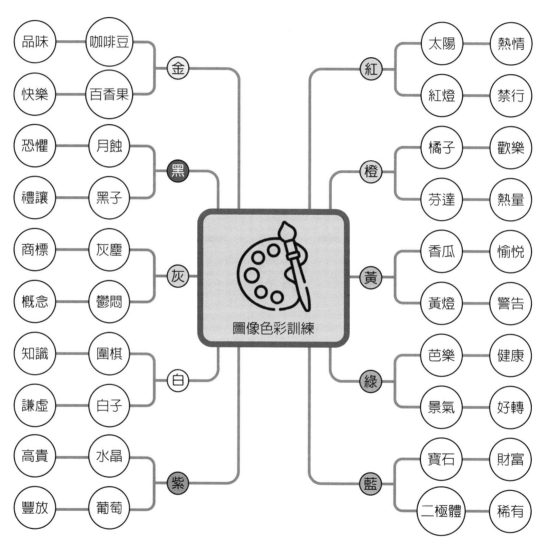

圖 4-16　圖像色彩訓練——寫出與「色彩」有關的聯想與象徵。

⑨ 圖像擴充訓練

　　給定一個圖像的部分或某個圖像單位，請受測者在限定時間內畫出完整的圖像來（可以指定數量或自由發揮），如圖 4-17 所示。其中圖像可由單一圓弧、雙圓弧、三圓弧、四圓弧或多圓弧來完成之。圖像擴充訓練之目的，係在測試受測者的流暢力、變通力、獨創力、精密力與擴散思考能力。

圖 4-17 圖像擴充訓練——以「圓弧」為單位畫出不同的圖像來。

4-5 評鑑方式

① 敏覺力的評量：係指從圖像中找出正確或差異數量的總合。例如，在圖像視角、旋轉、鏡射與偵錯的訓練中找出 15 個正確或差異之處，則敏覺力部分可以得到 15 分。

② 流暢力的評量：係指與圖像有關聯想數量的總合。例如，在圖像分類、聯想、組合、色彩與擴充的訓練中寫出、畫出或組合出 10 個聯想，則流暢力部份可以得到 10 分。

③ 變通力的評量：係指與圖像有關的聯想類別的總合。例如，在圖像聯想、組合、色彩與擴充的訓練中其聯想可以分為 6 個類別，則變通力部份可以得到 6 分。

④ 獨創力的評量：係指與圖像有關的聯想，其答案與眾不同或出現機率極少者。例如，在圖像聯想、組合、色彩與擴充的訓練中其聯想僅出現一次或少於 5% 者，則獨創力部分可以得到 1 分。

⑤ 精進力的評量：係指與圖像有關的聯想，其概念增加的總合。例如，在圖像聯想、組合、色彩與擴充的訓練中，每一個聯想除了基本概念之外，每增加一個概念則可以得到 1 分。

以上圖像的創造力評量方式，可以依等距分配之需要而調整之。

綜合演練

一、是非題（每題 10 分，共計 10 題，100 分。）

1. （ ）人一生當中接觸圖像的機會遠超過語言、文字、數學與其他多元智慧，相對的圖像對人、社會與歷史的影響也最大。

2. （ ）有時產品的價值其功能遠勝於圖像或顏色。

3. （ ）人類處理圖像的能力是屬於右腦的活動，而且可以儲存大量的圖像。

4. （ ）圖像往往容易受到國界的限制。

5. （ ）圖像是企業商標的一種，可以受到法律應有的保護。

6. （ ）常見卡通的圖像可以大量的運用裝飾藝術或商業行為。

7. （ ）產品的圖像或顏色往往是在功能確定可行之後才著手設計或決定的。

8. （ ）米奇或米老鼠卡通的圖像已過著作權法保護期限，所以一般商家可以大量的引用。

9. （ ）圖像設計完成發布後，除了可以受到著作權法與商標法的保護之外，也可以受到專利法的保護。

10.（ ）手機的圖像設計可以申請發明專利。

二、練習題

1. 圖像視角訓練：請按照提示找出正確的正視圖來。

答案	提示	（A）	（B）	（C）
1.(　)				
2.(　)				
3.(　)				
4.(　)				
5.(　)				
6.(　)				
7.(　)				
8.(　)				

2. 圖像視角訓練：請按照提示找出正確的背視圖來。

答案	提示	（A）	（B）	（C）
1.( )				
2.( )				
3.( )				
4.( )				
5.( )				
6.( )				
7.( )				
8.( )				

圖像的創意思考訓練

4

5

6

7

8

3. 圖像視角訓練：請按照提示找出正確的左視圖來。

答案	提示	(A)	(B)	(C)
1.(　)				
2.(　)				
3.(　)				
4.(　)				
5.(　)				
6.(　)				
7.(　)				
8.(　)				

4. 圖像視角訓練：請按照提示找出正確的右視圖來。

答案	提示	（A）	（B）	（C）
1.（ ）				
2.（ ）				
3.（ ）				
4.（ ）				
5.（ ）				
6.（ ）				
7.（ ）				
8.（ ）				

5. 圖像視角訓練：請按照提示找出正確的俯視圖來。

答案	提示	(A)	(B)	(C)
1.(　)				
2.(　)				
3.(　)				
4.(　)				
5.(　)				
6.(　)				
7.(　)				
8.(　)				

6. 圖像視角訓練：請按照提示找出正確的仰視圖來。

答案	提示	（A）	（B）	（C）
1.( )				
2.( )				
3.( )				
4.( )				
5.( )				
6.( )				
7.( )				
8.( )				

7. 圖像旋轉訓練：請選出純旋轉之圖像。

答案	提示	（A）	（B）	（C）
1.(　)				
2.(　)				
3.(　)				
4.(　)				
5.(　)				
6.(　)				
7.(　)				
8.(　)				

8. 圖像鏡射訓練：請選出純鏡射之圖像。

答案	提示	（A）	（B）	（C）
1.（　）				
2.（　）				
3.（　）				
4.（　）				
5.（　）				
6.（　）				
7.（　）				
8.（　）				

9. 圖像偵錯訓練：請挑出三組非相似之處。

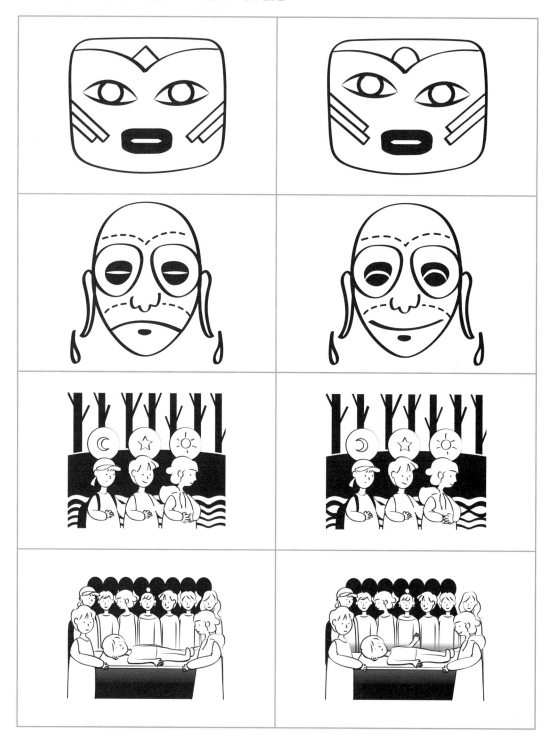

10.圖像分類訓練：請挑出非同類之圖像。

答案	提示	（A）	（B）	（C）
1.（　）				
2.（　）				
3.（　）				
4.（　）				
5.（　）				
6.（　）				
7.（　）				
8.（　）				

11. 圖像聯想訓練：請寫出與「△、ˇ、×、∥、□、♀、♂、☆、⊙、も、＊、◎或◇」有關的圖像來（請任選一種圖像來實施）。

12. 圖像組合訓練：請利用「七巧板」組合出與「食、衣、住、行、育、樂、人文、科技、動物、植物或自然環境」有關的圖像來（請任選一種主題來實施）。

13. 圖像色彩訓練：請寫出或畫出「紅、橙、黃、綠、藍、紫、白、灰、黑、褐」等顏色與「△、ˇ、×、∥、□、♀、♂、☆、⊙、も、＊、◎或◇」圖像有關的聯想與象徵來（請任選一種圖像與所有顏色來實施）。

14. 圖像擴充訓練：請以「△、ˇ、×、∥、□、♀、♂、☆、⊙、も、＊、◎或◇」為單位畫出相關的圖像來（請任選一種圖像來實施）。

評分表 圖像的創意思考訓練評分表範例

學號	1120101	姓名	周易		受測日期		20XX0101
項次	訓練項目	創造力評分 敏覺力（答對 / 全部題目）					小計
1~6	視角訓練	39/64					0.61
7	旋轉訓練	6/8					0.75
8	鏡射訓練	5/8					0.63
9~14	偵錯訓練	44/72					0.61
15~20	分類訓練	19/30					0.63
敏覺力平均得對率		0.65					
敏覺力權值		3.3（0.65×5）					
敏覺力等第		甲等					

項次	訓練項目	創造力評分				小計
		流暢力	變通力	獨創力	精密力	
21	聯想訓練	8	3	3	3	17
22	組合訓練	6	2	2	4	14
23	色彩訓練	7	3	3	3	16
24	擴充訓練	9	3	2	4	18
分項創造力得分		30	11	10	14	65
分項創造力權值		3.2	3.4	3.1	3.6	3.3
分項創造力等第		甲等	甲等	甲等	甲等	甲等
創造力總權值		3.3				
創造力總等第		甲等				

語文的創意思考訓練

◎ **訓練目標：**
　　熟悉語文的教育方式、字詞與作文的創意思考訓練以及語文的小遊戲。

◎ **訓練內容：**

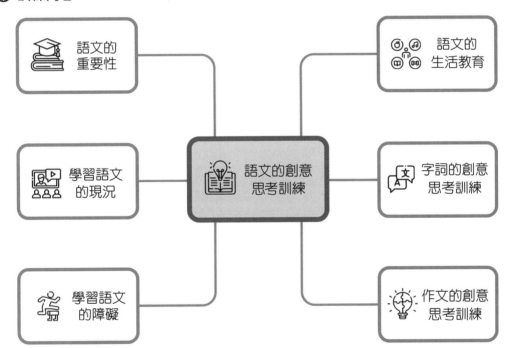

◎ **輔助設備與教材：**
　　1. 創意思考訓練教室或一般教室。
　　2. 液晶投影機與筆記型電腦各一部或多功能教學講桌。
　　3. A4 紙（三種顏色 A4 紙數張）、A1 壁報紙（每組數大張）、剪刀（美工刀或小刀）、膠水、彩色筆一盒（各組自備）。
　　4. 碼表一只（教師自備）。
　　5. 評分表、紙上測驗或線上測驗。

5-1 語文的重要性

　　語文具有極高的「實用性」、「功利性」、「文化性」與「差異性」價值，一般科學上的發明與發現，雖然具有極高的「實用性」、「新穎性（差異性）」與「進步性」，但是不一定具有「功利性」與「文化性」。因為根據統計，100件專利公告案中可以獲利的約僅1~2件，所以其「功利性」不一定比語文所衍生的「功利性」高。另外，一般科學的發明或發現幾乎很難長久被人類所使用，且因此形成人類文化與生活的一部分，然而語文卻可以辦到這一點。

　　語文的重要性以及影響力遠超過現代人類的想像，只是被目前錯誤的價值觀與表象所誤導。事實上：

◉ 語文具有非常高的「實用」價值

　　一般社會大眾都認為科學的「實用」價值遠超過語文的「實用」價值，但是事實發現任何有「實用」價值的科學都必須透過語文來表述。反觀，任何具有「實用」價值的語文，並不一定需要利用科學來驗證。除此之外，語文具有幫助人類解決生活上與工作上需求的「實用」價值，例如語文能力高者可以成為語言學家、翻譯家，或非常受歡迎的文學家或小說家。另外，語文也具有可以協助人達成任務與目標的「實用」價值，例如語文能力高者其所完成的報告、論文、著作、企劃案、計畫書、申請書較容易達成預定目標。

◉ 語文具有非常高的「功利」價值

　　一般人認為語文的「功利」價值不高，無法與科學的「功利」價值相提並論。但是，事實發現，語文的「功利」價值可以是科學與非科學所衍生出來的「功利」價值總合，而科學的「功利」價值只是其中的一小部分。除此之外，語文具有啟發人類的想像力與夢想的「功利」與「商品」價值，例如熱門的小說（圖5-1）、漫畫的作者或者是暢銷電影、歌舞劇或網路遊戲的編劇，其收入與身價經常是出人意表的高。

圖 5-1 《西遊記》是一個熱門的文學IP，有許多的改編與衍生作品。

●語文具有非常高的「文化」價值

　　一般認爲語文文化不像科學文化或其他文化的價值高，但是事實發現語文的文化價值遠超過科學文化或其他文化。因爲科學文化或其他文化僅是人類文化的一部分，而語文文化則幾乎是人類文化的全部。

　　由於語文具有記載人類重要的思維與活動的「文化」價值，使得像《史記》、《三國誌》、《文獻通考》、《左傳》、《禮記》、《資治通鑑》、《詩經》、《周禮》等偉大的曠世巨作得以流傳至今（圖 5-2）。

圖 5-2　《史記》具有極高的文學與歷史價值。

●語文具有非常高的「差異」價值

　　人類學家或考古學家經常需要透過精密的科學儀器來研究遠古時代人類族群的差異性，但是透過區域語文的研究與分析也是一條辨識族群差異性的捷徑。現代商品強調「品牌」、「個性化」與「差異化」，而且「品牌」價值並不輸給實體經濟價值與市場價值。其實語文也是商品的一種，各族群使用不同的語文就是在創造「品牌」、「個性化」與「差異化」，同樣的也是創造「品牌」價值。所以在未來的世界裡，越是與衆不同的語文越有「品牌」價值，而不是通用語文，因爲「物以稀爲貴！」。

　　由於語文的價值是隱性的、間接的，其所隱藏的「實用性」、「功利性」、「文化性」與「差異性」價值不易被發現，所以非常容易被忽略。其實這是態度的問題、認知的問題，更是觀念的問題。語文能力的重要性要受到大家的重視，除了需要專業的語文學家來幫忙之外，更需要有正確的學習態度與觀念。

5-2 學習語文的現況

　　根據一些老師的私底下調查發現，學生最怕學習的科目分別是作文（國文）、數字（數學）與英文。而這三科偏偏與左腦思考功能有關，而左腦職司硬性思考、垂直思考、邏輯思考與分析順序等能力。而這些思考與分析能力都必須要有足夠的時間與生活體驗才能立竿見影，不是照章行事或套公式即可達到目的。因為硬性思考與垂直思考的主要來源與依據，幾乎來自於個體對自然的觀察與生活的體驗。對於大半輩子都關在象牙塔應付考試的學生來說，在毫無對自然觀察與生活體驗的豐富經驗下，想要創作出引起共鳴或感人肺腑文章來，似乎過於苛求。

　　從抒情文、記敘文與論說文的寫作來看，學生是否已經掌握了寫作的基本要領？或對寫作有基本的認知與心理準備？例如抒情文寫作強調的是感情要誠摯、表達要自然與修辭要恰當。記敘文則要求選材要切題、記敘立場要明確、善用適當的記敘方式。至於論說文（議論文或說明文）則是論點要明確、論證要真實與論述有條理。問題是這些寫作的基本要領，學生是否都已經瞭解了。實際上，現代學生學習語文的現況是：

● 感情要如何誠摯？

　　對於大部分受比施更多且未曾學習付出的人來說，強調感情要誠摯似乎有點強求。因為在他們生命的前半段中，尚未埋下「感情要誠摯」的種子，所以無論如何澆灌就是不會冒出「抒情」的文章來。這就像要求一群足不出戶的書呆子，寫一篇「觸景傷情」的抒情文來是一樣的艱難。

● 表達要如何自然？

　　沒有經過「情感」淬煉與體驗，又如何在寫作時可以「自然的表達」？

● 修辭要如何恰當？

　　儘管字詞與成語背得再多，如果生活歷練與體驗不足，又如何懂得善用字詞與成語來修辭？若是一個未曾有生活與生命體驗的人，卻能「出口成章」或滿口的「風花雪月」、「愛恨情仇」，則也未免太矯揉造作了。

◉ 選材要如何切題？

　　作文只是國文課中的一小部分，在課業繁忙與考試主義盛行的今天，又如何要求學生針對作文題目花時間去蒐集材料？況且，從小到大的作文，都只有老師或主考官知道題目，上課或考試時，老師或主考官一出完題目，便開始寫作文了，何時能讓學生先花時間找作文的題材，再寫作文的？這種情況下，要學生的作文選材切題是很困難的。

◉ 記敘立場要如何明確？

　　由於記敘文係著重於對人、事、物靜態與動態的記載與描述，對於作文時間與題材有限的學生來說，除非親自參與人、事、物靜態與動態的發展與變化，否則單憑想像力是很難達成主觀或客觀立場明確的要求。

◉ 要如何善用記敘方式？

　　記敘文章時可以利用「順敘」、「倒敘」、「插敘」或「補敘」等方法來進行或完成之，但是對無閱讀文章習慣或閱讀文章質量明顯不足的學生來說，要求善用這些方法無異是「緣木求魚」與「天方夜譚」。根據行政院主計處統計，台灣 15 歲以上一個禮拜內未曾閱讀書報的人高達 68％以上。

◉ 論點要如何明確？

　　論說文中無論是要去說明自己的意見或駁斥別人的意見時，其贊同或反對的論點必須明確。但是在升學主義或考試主義的環境下，甚至於在威權統治的環境下，不管論說題目為何，一般學生的論點幾乎與作文範本或政府的論點完全一致。

◉ 論證要如何真實？

　　「證據之所在，即敗訴之所在！」議論別人或表達立場時，都需要講求證據。在媒體與網路平台發達的時代裡，大部分的新聞工作者或政治評論家幾乎都在濫用媒體與網路的二手資訊與傳播。更何況是足不出戶與鮮少閱讀書報的學生，他們又能如何**舉**證來為自己的立場辯護或駁斥別人的論點。

◉ 論述要如何有條理？

論述係講求以下的層次與條理要分明：

① What it is ──是什麼？

② Why──為什麼？

③ How──怎麼樣？

但是對於常識與經驗不足的學生來說，經常在第一**關**「What it is ──是什麼？」就過不去了，就更別談「Why──為什麼？」與「How──怎麼樣？」。例如有人經常把「奈米」與「奈米豆漿」混為一談，就是搞不清楚「奈米是什麼？」的例子。論說文的題目破不了題──「起」不了作用，更別提「承轉合」的層次問題了。

從以上要如何寫好抒情文、記敘文與論說文寫作所需具備的基本要領看來，對於缺乏生活體驗與創意思考訓練的學生而言，他們學習作文或語文的恐懼與害怕不是沒有道理的。而且對學習本國作文或語文都已經是那麼的恐懼與害怕了，更何況是學習外國作文或語文。

5-3　學習語文的障礙

學生恐懼與害怕作文或語文的原因，除了缺乏真正生活體驗與感受之外，最主要的障礙還是來自於他（她）們學習語文的態度。例如：

◉ 重左腦輕右腦

只看作文是否合乎情理、邏輯、通順或「起承轉合」的要求，而忽略感官、圖像（美學）、肢體動覺、音樂與想像對作文的影響。其結果是，所看到的文章內容幾乎是一模一樣或是完全的「八股」。

◉ 重結果輕過程

只看作文是否合乎抒情文、記敘文或論說文寫作要領的要求，而忽略完成作文所需的準備與演練過程以及生活上的體驗。其造成的後果是「給我分數，其餘免談！」。

◉ 重外在輕內在

過度強調學習語文的外在動機（分數、獎勵、升學、升等、升官），而忽略學習語文的內在動機（熱忱、興趣、性向、價值觀），使得學習語文變得非常功利與媚俗。一旦外在動機消失時，便把書本「丟掉！丟掉！……丟掉！」。

◉ 重科學輕文學

幾乎所有學習科學的學生都認為文學不重要，這種心態反而妨礙對科學的吸收能力與速度。因為任何科學上的研究或發現，除了運用圖像與符號來表達之外，幾乎都必須轉換成文字。看不懂題意或理論，就無法吸收科學知識。

◉ 重課內輕課外

大部分的學生只看課內書籍，而幾乎沒有主動閱讀課外書籍的習慣。主要原因是考試不考課外讀物，再者是家長與師長也認為閱讀課外讀物會剝奪課內科目的學習時間以及影響學業成績，甚至於學校的升學率以及排名，所以大部分的家長與師長完全反對或不鼓勵學生閱讀課外讀物。但是事實上發現，越少接觸與閱讀課外讀物的學生，反而會出現神情呆滯、反應遲鈍、閱讀速度慢、注意力無法集中、沒有觀察力、表達能力差、缺少變通力、沒有想像力與創造力等學習遲緩的現象。最糟糕的是，學生一旦離開學校或沒有考試壓力時，生活便失去重心。不是整天看電視，就是玩電腦遊戲，而這種現象與行為會一直延續到進入社會之後。

「態度決定一切！錯誤的態度成了創造力的劊子手。」由於人的軟弱、無知、愚蠢與短視，妄想利用威脅利誘、投機取巧或速成的方法來達到提升語文能力的目的，但往往會事與願違弄巧成拙，最後不但沒有學好外國語文，連本國語文與本土語文也幾乎忘了一乾二淨。

語文有「差異性」，如同商品有「品牌」一樣。也因為「差異性」的存在，使得這個世界顯得那麼的多采多姿。雖然語言上的差異會增加溝通上的困難，但就是因為「困難」的存在才使得人類的生活不會那麼的無聊與平淡無奇。也曾有人夢想過全人類語文的統一，以便與國際接軌，但是從來沒有人成功過，按照現在語文演化的速度來看，未來成功的機會也不大。

5-4 語文的生活教育

由於語文具有「實用性」、「功利性」、「文化性」與「差異性」等價值，使得語文變得非常有學習與研究的價值。而學習語文除了以尊重與重視的態度來面對之外，可以用更積極的方法來學習語文。其中學習語文的途徑，除了學校教育之外，也可以透過生活教育的方式來完成。例如：

◉ 聊中學

聊天是學習語文最好的方法之一，無論是與親人聊天、與朋友聊天或與同學聊天也好，只要能無拘無束天南地北的聊天，除了對語文有幫助，又可以舒解壓力以及增進親情與友誼關係。聊天不怕久，只怕多久沒有與人聊天了。如果在聊天中穿插或設計一些小遊戲，除了增進聊天的氣氛之外，又可以增進思考能力。例如：在聊天中不可以說出「你、我、他」三個字、口頭禪或「然後、所以、因為、雖然或但是」等其中一個字詞來，如果不小心說出口則必須接受懲罰（罰唱歌或請客）。

◉ 唱中學

唱歌也是學習語文好方法之一，由於歌曲、節拍與感官的配合，對記憶歌詞與咬文嚼字的能力大大的有幫助。在創意思考訓練中，可以利用熟悉的歌曲來改編歌詞，例如：將「小毛驢」的歌曲改編成隊歌。

◉ 遊中學

旅遊是最好的感官語文訓練，旅遊不僅只有視覺上的接觸，還有其他感官的接觸與體驗。透過旅遊來接觸與體驗不同的地理環境與人文景觀，就不用擔心沒有作文的題材了。例如：在旅遊過後可以寫一篇旅遊記敘文、觀景抒情文或生態觀察論說文。

◉ 玩中學

互動式的語文遊戲，除了可以增進語文能力之外，還可以增進思考與反應能力。例如：猜字謎遊戲、文字接龍（食字路口）、故事接龍、成語接龍、作文接龍等皆是。

◉ 閱中學

　　經常大量的閱讀書報、雜誌、漫畫，除了可以增進作文與語文能力之外，還可以增進想像力與思考能力。忙碌的現代人幾乎需要養成時時可閱讀、處處可閱讀的習慣，隨身準備一本口袋書隨時隨地的方便閱讀，因為良好的閱讀習慣是增進語文能力的必要條件。在創意思考訓練中，可以利用書報、雜誌或漫畫中所提供的關鍵字詞、短文或圖片來作文。

◉ 聽中學

　　聆聽音樂、故事錄音帶或廣播，除了可以怡情養性之外。音樂、故事錄音帶或廣播聽多了，自然熟識字詞或成語表達的方式。在創意思考訓練中，可以利用音樂來寫作文，或在寫作文時播放不同的音樂來測試字詞運用的變化。

◉ 動中學

　　運動可以增進血液循環促進新陳代謝，有助於思考能力。在創意思考訓練中，可以利用字詞扮演 ── 如「比手畫腳」之類的活動或比賽方式 ── 來增進語詞與肢體間的協調性以及語文的表達能力。

◉ 做中學

　　利用剪報、剪貼、繪畫方式來做作文，除了可以豐富作文的內容、增添作文的趣味性及增加可看性之外，還可以訓練語詞與圖像的分類與組織能力。

　　所謂的「教育自生活」，語文與生活是一體的，有好的生活習慣就有好的語文品質。學習語文不能將生活教育排除在外，但是更不能拘泥於學校教育與補習教育的框架中，從「聊天」、「唱歌」、「旅遊」、「玩耍 ── 遊戲」、「閱讀」、「聆聽」、「運動」或「動手做 ── 習作」的生活方式中一樣可以達到學習語文的目的。

5-5 字詞的創意思考訓練

語文中的字詞（成語）扮演著非常重要的角色，例如人與人的對話，幾乎都只是使用簡單的字詞（成語）來做溝通的，既使是寫作或作文也是利用字詞（成語）來做延伸與推衍的。因此熟悉字詞（成語）的創意思考訓練對於語文、寫作或作文能力來說，便顯得非常重要。以下即是字詞（成語）的創意思考訓練：

一、同部首的創意思考訓練

寫出部首相同的字來。例如請寫出與「古」同部首的字來。其中部首相同的字有：口、可、吁、吉、咨、味、咬、哼、商、喧、嗨、嘀、嘮、噩、嚀、嚕、嚨、嚷、囂、囊、囑等。

● （一）活動準備

項目		說明
工具	字卡	用來呈現題目，每一字卡一題。
	字典（或電子字典）	確認正確答案。
	紙、筆	作答用
	碼表	計時用。
	評分表	用來記錄個人或團隊成績。
人員	主持人	負責出題、計時、流程控管，並擔任裁判的人。
	參賽者	負責讀題與答題的人。
	記錄者	負責記錄答題狀況及公布成績的人。

● （二）訓練方式

此訓練方式可分成兩個部分：

1. 判斷正確部首：主持人公布題目後，參賽者須判斷出題目所屬的正確部首，若判斷錯誤便直接淘汰。

2. 寫出正確的字：判斷出正確部首後，寫出同部首的字。

◉ （三）活動流程

活動進行方式可視參加人數及狀況協調規則，例如：

① 單槍匹馬

參賽者在判斷完題目後，在限定時間中盡可能的在紙上寫出所有同部首的字。時間到後統計數量，正確字數最多者獲勝。此活動方式可測驗出個人的知識存量與即時的聯想力。

② 賓果遊戲

參賽者在判斷完題目後，在空白的賓果格子中，依個人喜好隨意填入自己所能想到的字。在所有人都填寫完畢後，由主持人依序公布所有正確的字，當公布完所有文字後，達成賓果連線最多者獲勝。此活動方式除了可測驗出個人的知識存量與即時的聯想力外，也增加了運氣與趣味性（圖 5-3）。

③ 群策群力

採團隊方式進行，題目可設定 3 ～ 5 題，答題時團隊成員可一起推敲，待答題結束後，加總各題答對的字數，總數最高者獲勝。此活動方式具有團隊腦力激盪的效果，過程中也更容易使團隊成員互相學習。

圖 5-3 採用賓果遊戲的方式可增加趣味性。

二、同音字的創意思考訓練

寫出發音相同的字來。例如：請寫出與「古」相同發音的字來。其中發音相同的字有：股、鼓、骨、谷、穀、賈、蝦、罟、鈷、牯等。

◉（一）活動準備

項目		說明
工具	字卡	用來呈現題目，每一字卡一題。
	注音符號卡	隨機式命題時可使用。
	字典（或電子字典）	確認正確答案。
	紙、筆	作答用
	碼表	計時用。
	評分表	用來記錄個人或團隊成績。
人員	主持人	負責出題、計時、流程控管，並擔任裁判的人。
	參賽者	負責讀題與答題的人。
	記錄者	負責記錄答題狀況及公布成績的人。

◉（二）活動流程

活動進行方式可視參加人數及狀況協調規則，例如：

① 單字測驗式

此訓練方式可分成兩個部分：

(1) 判斷正確讀音：主持人公布題目後，參賽者須判斷出題目所屬的正確讀音，若判斷錯誤便直接淘汰。過程中不可發出聲音，以免洩題。

(2) 寫出正確的字：判斷出正確讀音後，在限定時間內寫出同音字。時間到後統計數量，正確字數最多者獲勝。

② 隨機抽選式

以事先準備的注音符號卡抽題，可先區分為聲符卡、韻符卡和聲韻卡，由主持人隨機抽選後組成題目，例如：ㄅ + ㄨ + ㄟ ＝ ㄅ ㄨ ㄟ。參賽者再依此在限定時間內寫出同音字。時間到後統計數量，正確字數最多者獲勝。

三、同韻字的創意思考訓練

寫出押韻相同的字來。例如：請寫出與「古」押韻相同的字來。「古」字押「ㄨ」韻，押韻的字有：不、補、部、撲、僕、普、暴、模、母、木、夫、服、府、父、都、讀、賭、度、禿、圖、土、兔、奴、努、怒、盧、魯、路、姑、骨、股、故、哭、苦、庫、忽、虎、護、珠、竹、住等。

◉ （一）活動準備

項目		說明
工具	字卡、注音符號卡	用來呈現題目，或隨機式命題時使用。
	韻譜或字典	確認正確答案。
	紙、筆	作答用
	碼表	計時用。
	評分表	用來記錄個人或團隊成績。
人員	主持人	負責出題、計時、流程控管，並擔任裁判的人。
	參賽者	負責讀題與答題的人。
	記錄者	負責記錄答題狀況及公布成績的人。

◉ （二）活動流程

活動進行方式可視參加人數及狀況協調規則，例如：

① 單字測驗式

此訓練方式可分成兩個部分：

(1) 判斷正確韻母：主持人公布題目後，參賽者須判斷出題目所屬的正確韻母，若判斷錯誤便直接淘汰。過程中不可發出聲音，以免洩題。

(2) 寫出正確的字：判斷出正確讀音後，在限定時間內寫出相同押韻的字。時間到後統計數量，正確字數最多者獲勝。

② 隨機抽選式

以事先準備的注音符號卡中的韻符卡抽題，待主持人隨機抽選題目後，參賽者再依此在限定時間內寫出相同押韻的字。時間到後統計數量，正確字數最多者獲勝。此活動亦可進階為創作打油詩的訓練，即以相同押韻的字作為韻腳來寫詩。

四、同義字（詞）的創意思考訓練

寫出意義相同的字（詞）來。例如：請寫出與「古」意義相同的字（詞）來：

① 古板←→呆板←→不知變通←→冥頑不靈←→跟不上時代潮流←→不合時宜。

② 古代←→古時候←→很久以前。

③ 中古車←→二手車。

④ 作古←→圓寂←→涅盤←→羽化成仙←→駕鶴西歸←→上天堂←→蒙主寵召←→上西天。

◉ （一）活動準備

項目		說明
工具	字卡	用來呈現題目，每一字卡一題。
	字典（或電子字典）	確認正確答案。
	紙、筆	作答用
	碼表	計時用。
	評分表	用來記錄個人或團隊成績。
人員	主持人	負責出題、計時、流程控管，並擔任裁判的人。
	參賽者	負責讀題與答題的人。
	記錄者	負責記錄答題狀況及公布成績的人。

◉ （二）活動流程

活動進行方式可視參加人數及狀況協調規則，例如：

① 單槍匹馬

每人一組，待主持人公布題目後，參賽者在限定時間內在紙上寫下題目的同義詞，時間結束後結算，寫出正確詞語最多者獲勝。

② 你來我往

兩人一組 PK，待主持人公布題目後，猜拳決定答題先後。兩人依序輪流說出題目的同義詞，輪到卻說不出者淘汰。此活動亦可變化爲團隊賽，兩隊輪流派人上場 PK，最後倖存者的隊伍獲勝。

五、反義字（詞）的創意思考訓練

寫出意義相反的字（詞）來。例如：請寫出與「古」意義相反的字（詞）來：

① 古板←→新潮。

② 中古車←→新車。

③ 古董←→流行商品。

④ 作古←→活著。

◉ （一）活動準備

項目		說明
工具	字卡	用來呈現題目，每一字卡一題。
	字典（或電子字典）	確認正確答案。
	紙、筆	作答用
	碼表	計時用。
	評分表	用來記錄個人或團隊成績。
人員	主持人	負責出題、計時、流程控管，並擔任裁判的人。
	參賽者	負責讀題與答題的人。
	記錄者	負責記錄答題狀況及公布成績的人。

◉ （二）活動流程

活動進行方式可視參加人數及狀況協調規則，例如：

① **單槍匹馬**

每人一組，待主持人公布題目後，參賽者在限定時間內在紙上寫下題目的反義詞，時間結束後結算，寫出正確詞語最多者獲勝。

② **你來我往**

兩人一組 PK，待主持人公布題目後，猜拳決定答題先後。兩人依序輪流說出題目的反義詞，輪到卻說不出者淘汰。此活動亦可變化爲團隊賽，兩隊輪流派人上場 PK，最後倖存者的隊伍獲勝。

六、字（詞、成語）的聯想的創意思考訓練

詞語的聯想訓練上可運用連鎖聯想和分歧聯想：

① **連鎖聯想：**像串項鍊一樣，一環套一環，每次只專注在兩個詞語之間的**關聯**，再一個一個地往下聯想。

② **分歧聯想：**如同樹與樹杈的分支一樣，詞語有一個共同的開頭，往下延伸成不同的詞語。

練習時，可分成單字連鎖聯想、單字分歧聯想、詞連鎖聯想、詞分歧聯想。例如分別寫出「古」字的連鎖與分歧聯想、「古典」詞的連鎖與分歧聯想：

字詞	分類	舉例
古	單字連鎖聯想	古典→典故→故事→事業→業務→務農→農夫→夫婦→婦人→人才
	單字分歧聯想	古蹟、古老、古代、古物、古董、古人、古巴、古訓、古國、古都、古堡
古典	詞連鎖聯想	古典→字畫→潑墨→硯台→毛筆→胎毛→嬰兒→生日→蛋糕→巧克力→牛奶→餅乾
	詞分歧聯想	古蹟、古老、古代、古物、古董、古人、古巴、古怪

詞語聯想的部分可以再進階為成語聯想：

字詞	分類	舉例
古往今來	詞連鎖聯想	古往今來→來去自如→如意算盤→盤查犯人→人去樓空→空即是色→色由心生→生生不息→息息相關→關鍵時刻→刻不容緩→緩不濟急
	詞分歧聯想	古今中外、古井不波、古色古香、古稀之年、古道熱腸、古調重彈

◉ （一）活動準備

項目		說明
工具	字卡	用來呈現題目，每一字卡一題。
	字典（或電子字典）	確認正確答案。
	黑板、粉筆	作答用
	碼表	計時用。
	評分表	用來記錄個人或團隊成績。
人員	主持人	負責出題、計時、流程控管，並擔任裁判的人。
	參賽者	負責讀題與答題的人。
	記錄者	負責記錄答題狀況及公布成績的人。

◉ （二）活動流程

活動進行方式可視參加人數及狀況協調規則，例如：

① 分歧聯想訓練

主持人在黑板上寫下題目，雙方隊伍一次派一人上台寫下分歧聯想的字詞，每次上台 10 秒鐘，時間到未完成則換對方作答。雙方使用不同顏色的粉筆以做區別，時間到後統計雙方答數，正確詞語多者獲勝。

② 連鎖聯想訓練—物以類聚

屬於詞義上的連鎖聯想，聯想的詞語與原詞語須在意義上有所關聯。

主持人在黑板上寫下題目，雙方隊伍一次派一人上台寫下連鎖聯想的字詞。須以接力的方式進行，後上台者須針對上一個詞語寫出相關的聯想詞語，如：書法→毛筆→硯台→石頭……。每次上台 10 秒鐘，時間到未完成則算失敗，由對方獲勝。

③ 連鎖聯想訓練—成語接龍

屬於形式上的連鎖聯想，聯想的詞語與原詞語須以相同的字做為連結。

主持人在黑板上寫下一個成語作為題目，雙方隊伍輪流派人上台寫下連鎖聯想的成語，須以接力的方式進行，後上台者須用前一個成語的字尾作為字頭寫出下一個成語，例如：書山有路→路不拾遺→遺愛人間→間不容髮……。每次派出一人，上台時間 10 秒鐘，時間到未完成或所寫的詞語不算成語都算失敗，由對方獲勝。

七、字（詞、成語）的分類的創意思考訓練

按照字（詞、成語）的屬性、意義、功能等予以分類。例如：

① 字的分類

請就「左右拆字、上下拆字、動詞、名詞、形容詞、疑問詞、語助詞」的分類法，將下列與「古」字同部首與同韻字者予以分類。題目如：「口、可、吉、吝、味、咬、哼、哭、苦」。

分類	範例
左右拆字	味、咬、哼
上下拆字	吉、吝、哭、苦
動詞	可、咬、哭、哼
名詞	口、可、苦、味、哼、哭、吉
形容詞	可、哼、吉、苦
疑問詞	可
語助詞	可、哼

② 詞的分類

請就「人、事、時、地、物」的分類法，將詞與加以分類。題目如：「典故、故事、事業、業務、務農、農夫、夫婦、婦人、人才、古蹟、古老、古代、古物、古董、古人、古巴、作古、考古」。

分類	範例
人	農夫、夫婦、婦人、人才、古人
事	故事、事業、業務、務農、考古、作古
時	古老、古代
地	古巴
物	典故、古物、古董、故事

③ 成語的分類

請就「時空、人物、事件」的分類法，將下列成語予以分類。題目如：「古往今來、來去自如、如意算盤、盤查犯人、人去樓空、空即是色、色由心生、生生不息、息息相**關**、**關**鍵時刻、刻不容緩、緩不濟急、古今中外、古老傳說、古典音樂、古巴危機、古董拍賣、古典美人、古井不波、古色古香、古稀之年、古道熱腸」。

分類	範例
時空	古往今來、來去自如、人去樓空、生生不息、關鍵時刻、刻不容緩、緩不濟急、古今中外
人物	盤查犯人、空即是色、色由心生、古典美人、古稀之年、古道熱腸、古典音樂、古色古香
事件	如意算盤、盤查犯人、息息相關、關鍵時刻、古老傳說、古巴危機、古董拍賣、古井不波

● 自我訓練方式

可嘗試用以下方式做練習：

① 字的分類

任意翻閱字典，隨機選擇一個部首，將所有同部首的字分別抄錄在小紙片上，然後依照字的分類方式排列整理紙片，完成後可對照字典確認詞性分類的正確性。

② 詞的分類

任選一篇文章，將文中所有的詞語分別抄錄在小紙片上，然後依照詞的分類方式排列整理紙片，完成後與同伴交換檢查及討論，可翻閱字典確認生難詞語的意義與分類正確性。

八、字（詞、成語）的組合的創意思考訓練

請就給予的關鍵字（詞、成語）造句或編成廣告詞。例如：

① 字的組合：請就所提供的關鍵字組成句子。

關鍵字	例句
吃、喝、玩、樂	小明到速食店用餐時，總是一邊吃著薯條一邊喝可樂，不一會兒又一邊吃漢堡一邊玩「樂高」玩具。
喜、怒、哀、樂	有一天小明與爸爸兩人正歡歡喜喜、快快樂樂的走在人行道上準備到附近的速食店用餐時，一不小心踩到狗屎。小明怒氣沖沖地踢了旁邊的消防栓洩憤，結果自己疼得哀號不已。

② 詞的組合：由字衍伸出詞語，請就所提供的關鍵詞組成句子。

關鍵詞	例句
貪吃、喝風、玩笑、樂觀	小華對美食頗有偏好，甚至有些貪吃，但家中經濟條件不好，很難吃上一頓好的，好在她生性樂觀，不但不以為意，還經常開玩笑說自己是靠著喝風過日子。
歡喜、怒氣、哀號、快樂	有一天小明與爸爸兩人正歡歡喜喜、快快樂樂的走在人行道上準備到附近的速食店用餐時，一不小心踩到狗屎，小明怒氣沖沖地踢了旁邊的消防栓洩憤，結果自己疼得哀號不已。

③ 成語的組合：請就所提供的關鍵成語組成句子。

關鍵成語	例句
吃喝玩樂、喜怒哀樂	儘管人生是充滿著許多無常的喜怒哀樂，但是人活著總是要到處吃喝玩樂一番，多多體驗人生才不會愧對自己。
吃喝玩樂、喜怒哀樂	吃喝玩樂在台灣、喜怒哀樂看雲門，歡迎光臨！ ——台灣觀光旅遊局提供

◉ 自我訓練方式

可嘗試用以下方式做練習：

① 圈選關鍵字

選取一篇文章，閱讀並篩選關鍵字（詞、成語），再用筆圈選出來，藉此熟悉詞語應用（圖 5-4）。

② 改換情境

閱讀並取得一組關鍵字之後，採用與原主題完全不同的情境，利用同一組關鍵字做聯想，練習寫出完整的句子。

③ 反覆練習

文字編寫需要不斷練習，可重複「閱讀圈選關鍵字→改換情境編寫」這個過程，累積關鍵字（詞、成語）資料庫，同時掌握詞語的運用。

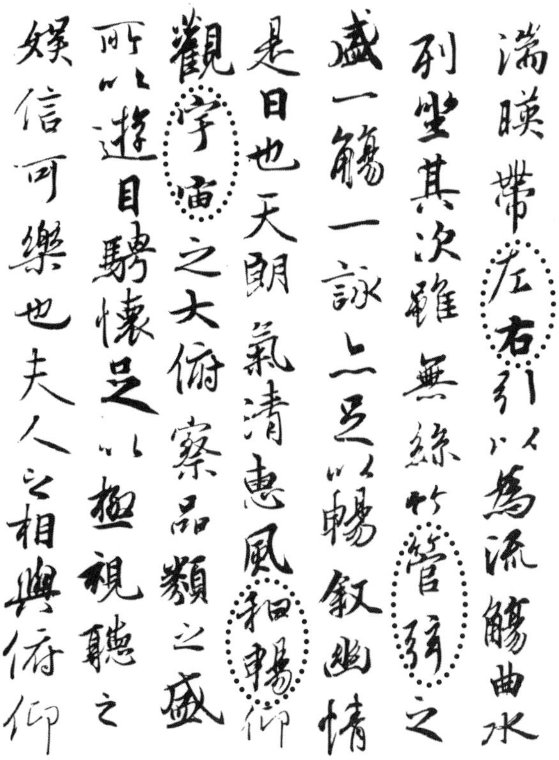

圖 5-4 練習閱讀文章並選取關鍵字。

九、疊字詞的創意思考訓練

寫出重疊字詞來，常見的疊字詞形式如：

形式	範例
ABB	肥嘟嘟、瘦巴巴、軟趴趴、硬梆梆、輕飄飄、昏沉沉、白晰晰、黑鴉鴉、油膩膩、綠油油、冷清清、熱騰騰、冷颼颼、乖寶寶。
AAB	毛毛雨、蹺蹺板、碰碰車、啦啦隊、娘娘腔、悄悄話、擔擔麵、飄飄然、呱呱叫。
AABC	牙牙學語、斤斤計較、白白浪費、天天開心、閃閃動人、楚楚動人、楚楚可憐。
AABB	堂堂正正、活活潑潑、快快樂樂、清清楚楚、斷斷續續、整整齊齊、規規矩矩、金光閃閃、扭扭捏捏、上上下下、前前後後、世世代代、平平凡凡、乒乒乓乓。

◉ （一）自我訓練方式

可嘗試用以下方式做聯想：

① 先尋找一個常用詞語，然後參照上述的形式加以聯想，將之轉變為疊字詞。例如：油亮→油亮亮→油油亮亮。

② 先找出一個疊字，然後參照上述的形式加以聯想，將之轉變為疊字詞。例如：白白→白白犧牲→白白胖胖。

◉ （二）團隊練習方式

① 卡片問答式

適合 ABB 形式的疊字練習，題目卡上只有 A 部分的字，每人輪流抽選出題目並回答，回答錯誤者可由其他人補答，然後接著換下一人抽題，直到全部題目做完。

② 黑板填空式

可由老師現在黑板上寫滿將疊字部分挖空的疊字詞語，然後讓學生依序上台，自由選填會的詞語，最後剩下不會的可以集思廣益，或由老師公布答案。

十、字頭（尾）詞的創意思考訓練

請就給予的關鍵字頭（尾）詞造句或編成廣告詞。例如：

字詞	分類	舉例
家	字頭詞造句	「家」永遠是人類最佳的避風港。
	字頭廣告詞	「家」永遠是人類最佳的避風港，請共同保育森林勿濫墾濫伐！
	字尾詞造句	到小明家烤肉，還是到小華家烤肉都不方便，不如到我「家」。
	字尾廣告詞	到小明家烤肉，還是到小華家烤肉都不方便，不如到「我家」！

◉ 自我訓練方式

可嘗試用以下方式做練習：

① 圈選關鍵字

選取一篇文章或著名的廣告台詞，摘錄出詞句優美的句子，再以其字頭或字尾作為關鍵字。

② 句子仿作

閱讀並取得關鍵字之後，模仿原本的句子結構重新編寫造句，以此熟悉語句的構成。

③ 練習作業

累積到一定數量的關鍵字後，製作成字卡，以隨機抽籤的方式抽選出一個主題關鍵字，然後依次練習字頭詞造句、字頭廣告詞、字尾詞造句、字尾廣告詞。完成後可與同伴討論或請導師批閱。

十一、猜字謎的創意思考訓練

猜字謎是從古流傳至今的文字創意思考方式，兼顧了知識性與趣味性。在民俗中，元宵節的猜燈謎最為著名，如：

謎題	謎底	謎題	謎底
1. 閉嘴	中（一口一豎指）	11. 上司的嘴	台（上厶的口）
2. 十升米	料（十升為一斗）	12. 豬帶烏紗帽	家
3. 兩個人	仁	13. 割稻	利（用刀割禾）
4. 十五個人	傘	14. 咬牙切齒	加（口要用力）
5. 九十九個人	伯（百人缺一）	15. 一山比一山高	出
6. 一口一木	呆、束、杏、困	16. 一口接一口	回
7. 自言自語	記（己言：自己在說話）	17. 刮鬍子	召（刮鬍刀在嘴上）
8. 一隻鳥	鳴（一隻鳥一個口）	18. 徵兵	叮（一口壯丁）
9. 官太太	伕（官太太必稱夫人）	19. 修臉	叨（刮鬍刀在嘴邊）
10. 聖旨	玲（王的命令）	20. 水災過後	法（水退去了）

◉ （一）活動準備

項目		說明
工具	謎題卡	用來呈現題目，每一張卡一題。
	評分表	用來記錄個人或團隊成績。
人員	主持人	負責出題、計時、流程控管，並擔任裁判的人。
	參賽者	負責讀題與答題的人。
	記錄者	負責記錄答題狀況及公布成績的人。

◉ （二）活動流程

主持人依序展示燈謎給眾人搶答，最終猜對最多謎底的個人或團隊獲勝。

十二、文字（詞、成語）樹的創意思考訓練

　　利用字（詞、成語）連鎖的聯想與分歧的聯想方式，將字詞聯想的數量加以限制，以文字樹的方式同時呈現出同一個字的連鎖聯想與分歧聯想，以期產生各種不同的反應。

● 自我訓練方式

　　可嘗試用以下方式做練習：

① **選取關鍵字：** 利用前面「訓練項目十」所製作的關鍵字卡片，隨意抽選一個字做為題目。

② **寫出聯想詞語：** 依照前面「訓練項目七」所描述的連鎖聯想與分歧聯想的方式，將與題目相關的聯想詞語寫出來。

③ **完成文字樹：** 搭配第三章介紹的心智圖法，並結合前面「訓練項目八」的詞語分類訓練，將寫出的聯想詞語分門別類，再選擇適當的分類組成文字樹（圖5-5）。

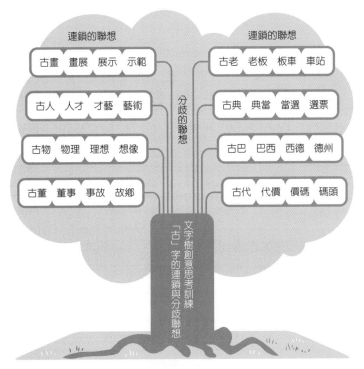

連鎖的聯想　　　　　　連鎖的聯想

古畫　畫展　展示　示範　　　古老　老板　板車　車站

古人　人才　才藝　藝術　　　古典　典當　當選　選票

古物　物理　理想　想像　　　古巴　巴西　西德　德州

古董　董事　事故　故鄉　　　古代　代價　價碼　碼頭

分歧的聯想

文字樹創意思考訓練「古」字的連鎖與分歧聯想

圖 5-5 文字樹的創意思考訓練。

十三、字（詞、成語）扮演的創意思考訓練

利用表演的方式來呈現出字（詞、成語），可採用以下活動來做訓練：

活動	說明
比手畫腳	表演時不可以說話，僅能用表情與肢體動作將答案表演出來
說不出口	表演時可以說話，但是不可以將答案說出來。
扭腰擺臀	表演時不可以說話，僅藉由腰臀的肢體動作將文字的筆劃表現出來。

活動具體執行流程可參見第六章「肢體的創意思考訓練」中的「比手畫腳」、「說不出口」、「扭腰擺臀」等活動內容。

◉ 自我訓練方式

在進入肢體活動的訓練方式前，可嘗試用以下方式做練習：

① 動作聯想

針對比較直觀，容易以肢體動作呈現的字詞，可結合前面「訓練項目八」的詞語分類訓練，將詞語的呈現方式依照肢體動作做分類，例如：

指體動作分類	範例
頭頸部動作	點頭、搖頭、頭痛、吹口哨、側耳傾聽、一個頭兩個大
手部動作	再見、手刀、敬禮、加油、鼓掌、數字（一二三四……）
腳部動作	踢、跳、跑、弓箭步、翹二郎腿、站三七步、半蹲、深蹲
全身動作	立正、轉身、伏地挺身、打坐、發癢、抽筋、渾身不自在

② 聲音聯想

針對不容易直接以肢體動作呈現的字詞，可結合前面「訓練項目二」的同音字聯想方式，聯想出容易表現的同音字詞，之後再加以表演，例如：

字詞	聯想字詞	肢體動作
古	鼓	手部——打鼓動作呈現
絲	撕	手部——撕的動作呈現

十四、文字接龍的創意思考訓練

文字接龍遊戲可涵蓋的範圍很廣，從成語、常用詞語到生活物品都可以，其實施方式是先舉出一個詞語，以該詞語的字尾作爲下一個詞語的字首，依此往下延伸。可結合前面「訓練項目七」字（詞、成語）的連鎖聯想與「訓練項目二」的同音字聯想方式，擴充可用於文字接龍中的詞語數量。例如：

● （一）活動準備

<table>
<tr><th colspan="2">項目</th><th>說明</th></tr>
<tr><td rowspan="5">工具</td><td>字卡</td><td>用來呈現題目，每一字卡一題。</td></tr>
<tr><td>字典（或電子字典）</td><td>確認正確答案。</td></tr>
<tr><td>黑板、粉筆</td><td>作答用</td></tr>
<tr><td>碼表</td><td>計時用。</td></tr>
<tr><td>評分表</td><td>用來記錄個人或團隊成績。</td></tr>
<tr><td rowspan="3">人員</td><td>主持人</td><td>負責出題、計時、流程控管，並擔任裁判的人。</td></tr>
<tr><td>參賽者</td><td>負責讀題與答題的人。</td></tr>
<tr><td>記錄者</td><td>負責記錄答題狀況及公布成績的人。</td></tr>
</table>

● （二）活動流程

活動進行方式可視參加人數及狀況協調規則，例如：

① 點餐文字接龍

以 4 菜 1 湯 1 水果 1 甜點爲例，從「道口燒雞」起始到「湯圓」爲止，連鎖聯想的菜單必須包括 4 菜 1 湯 1 水果 1 甜點，限定時間內未完成則判負。

參考答案如：道口燒雞（菜）→雞蛋柳丁（水果）→丁香魚（菜）→魚香茄子（菜）→紫酥豬排（菜）→排骨湯（湯）→湯圓（甜點）。

② 循環文字接龍

由起始文字（詞、成語）開始經過指定次數的連鎖聯想後必須回到起始文字（詞、成語），限定時間內未完成則判負。

參考答案如：「一柱擎天→天作之合→合情合理→理直氣壯→壯烈成仁→仁心仁政→政通人合→合而爲一→一柱擎天」。

十五、類比配對的創意思考訓練

選取一組字（詞、成語），然後提出性質類似、意義相對的詞語，並加以配對。例如：

類型	範例
字的類比配對	東←→西、南←→北、前←→後、左←→右、冷←→熱、明←→暗、黑←→白
詞的類比配對	熱鬧←→冷清、熱情←→冷漠、快樂←→悲傷、放大←→縮小、快速←→緩慢、前進←→後退、上升←→下降、高傲←→自卑、理性←→感性
成語的類比配對	忽冷忽熱←→始終如一、虎頭蛇尾←→貫徹始終、一舉成名←→名落孫山、成者為王←→敗者為寇、一文不值←→一字千金、一心一意←→三心二意、一毛不拔←→慷慨大方、一決雌雄←→和平共處

◉ 自我訓練方式

可嘗試用以下方式做練習：

① 選字成對

選取一篇文章，閱讀的同時圈選文中適當的字詞，並為其做配對。在此過程中可逐步累積大量的配對詞語，並熟練此種配對思考。

② 吟詩作對

選取一首有對仗句子的古詩詞，然後拆解句子中的字詞，並嘗試找出其他可能的配對，例如：

字詞	原作配對詞語	參考配對詞語
「白日」依山盡	黃河	青天、金風、烏雲
「黃河」入海流	白日	皓月、黑夜、紅葉

可從詞語開始練習配對，最終練習對完整句詩。此訓練方式可進階為對對子或創作主題對聯，範例如：「北雁南飛，雙翅高低分上下；前車後轍，兩輪左右走高低。」

十六、字詞轉換（相關語）的創意思考訓練

提供字詞重新加以界說，或利用此一字詞的同音異義（諧音雙關）或一字數義（詞意雙關）的變化關係寫出雙關語。例如：

① 水果的相關語：「狼來了，羊逃（楊桃）！」。「羊來了，草沒（草莓）！」。

② 相親的相關語：「現代男女孩子是要先相親後相親好，還是先相親後相親好！」。

③ 做（作、座）的相關語：「一位叫做王家衛的導演拍了一部叫作《2046》的電影非常的叫座！」。

④ 檯（抬、台）的相關語：「檯面上的檯燈必須抬上台上，檯面下的檯燈必須抬下台下！」。

● 自我訓練方式

可嘗試用以下方式做練習：

① 猜謎語

可參考前面「訓練項目十一」猜字謎的訓練資料，謎語中有一類是應用雙關語來創作的，可藉由猜謎累積相關的思考變化，例如：

謎題	謎底	雙關語
和尚打傘（猜一成語）	無法無天	「髮」諧音「法」
外甥打燈籠（猜一詞語）	照舊	「舅」諧音「舊」
廁所裡撐竿跳（猜一詞語）	過分	「糞」諧音「分」

② 找店名

現在很多店家為了吸引注意，取店名時常會用到雙關語，逛街時可多加注意，學習其中的創意思考，例如：珍煮丹、名珍炭、大家住易、雞不可失……。

③ 寫標語

雙關語在很多廣告上經常被應用，可參考市面上的商品廣告，結合「訓練項目二」的同音字聯想方式，練習創作諧音標語，例如：「XX 水上樂園，夏季大優惠，邀您一同『清涼一夏』」。

十七、字詞變通造句法（白痴造句法）的創意思考訓練

將熟悉的字詞或類比的字詞轉變成意義迥異的句子來。例如：

① 現在：兇手又出現在命案現場的附近徘徊。

② 未來：今年墾丁的國慶鳥尚未來訪。

③ 應該：這個人壞事做盡，報「應該」來了。

④ 所以：派出「所以」增加員警的方式來應對大批抗議民眾。

⑤ 生理：模範「生理」應作為大家的榜樣。

⑥ 難過：這個遊戲的難度設定很高，多數玩家都很「難過」關。

⑦ 先生：隔壁的母狗比較晚懷孕，卻「先生」出了小狗。

⑧ 哀傷：被心儀的對象拒絕，不用悲「哀，傷」心是一定的，但是千萬別幹傻事。

⑨ 快樂：突然的大雨使得遊樂場人潮流失的非常「快，樂」得員工可以清閒一下。

◉ 自我訓練方式

可嘗試用以下方式做練習：

① 拆字聯想

可參考前面「訓練項目七」的分歧聯想方式，分別就所選定的詞語的字首字尾作分歧聯想，思考兩個字各自的詞語變化，從中選擇適當的組合編寫成句子。例如：「清楚」，「清」→冷清、劃清、摸清、付清……；「楚」→楚國、楚河漢界、楚楚可憐……；可取「劃清」、「楚河漢界」造句：楚漢相爭的緊張局面，在劃「清楚」河漢界後暫緩。

② 橫跨兩句

類似拆字聯想的方式，但兩字分屬前後句，例如：「制服」→餐廳的成本一再被限「制，服」務的品質就隨之下降。

③ 雙關聯想

可參考前面「訓練項目十六」的雙關語聯想，選擇與命題方向不同的詞義來造句，例如：「十分」，一般會取「十分開心」、「十分滿意」的意思，而造句時可取「考試只考十分」的含意來形成差異。

十八、廣告詞聯想法的創意思考訓練

　　綜合練習，結合前面的各項訓練，利用思考與聯想，為熟悉的商品構思出簡短的廣告詞來。例如：

① 籃球鞋：「儘管秀（籃）！」

② 照相手機：「送出最好的（照片）」

③ 鑽戒：「情願被套牢」

④ 香水：「情人的味道」

⑤ Mp3：「一錄到底，決不重覆」

⑥ CPU：「快如閃電！」

⑦ 多功手機：「超乎想像！」

十九、商標聯想法的創意思考訓練

　　綜合練習，結合前面的各項訓練，利用思考與聯想，為熟悉的商品或商店取一個商標名稱。例如：

① 熱狗：「快樂（熱）狗」

② 香腸：「台灣熱狗」

③ 刈包：「台灣漢堡」

④ 烤玉米：「玉叔叔」

⑤ 烤地瓜：「熱愛台灣」

⑥ 泡沫紅茶店或茶樓：「煎茶院」、「調茶局」、「井茶局」

⑦ 理髮廳或美髮造型設計：「麗髮院」、「絲髮院」

⑧ 三溫暖或 SPA 店：「烤室院」

⑨ 美容院或整型外科：「形正院」

⑩ 桔仔觀光果園：「觀光桔」

⑪ 鍋貼專賣店：「煎匙到底」

5-6 作文的創意思考訓練

　　語文能力的提升不僅可以運用在抒情文、記敘文與論說文等作文上，尚可以運用在私人書信、專用書函、專題介紹、讀書報告、工作報告、調查報告、新聞稿、評論、記錄、記要、演講辭、建議書等文書的處理上。

　　作文能力的提升沒有速成的方法，只有靠不斷的「練習、練習、再練習」。而作文的創意思考訓練，則是在提供一個練習的機會，希望透過創意思考訓練與互動式學習的方式來增進語文的創意思考能力與創造力。例如：

一、七情作文的創意思考訓練

　　意指作文中必須包括七情（喜、怒、哀、樂、愛、惡、欲）的要素存在（圖5-6）。

● 自我訓練方式

　　可嘗試用以下方式做練習：

① 主題聯想

　　可隨機選擇主題，再分別依照情感分類做相關聯想，例如：

主題	情緒	範例
蛋糕	喜	香甜、可口、繽紛、造型、剛出爐、獨享
	怒	吃不到、沒買到、被偷吃、失手掉落
	哀	沒錢買、距離太遠、今日公休
	樂	慶祝、節日、禮物、過生日、生日快樂
	愛	口味、種類、母親節、父親節
	惡	高熱量、變胖、難吃、變質、造型難看、沒人分享
	欲	想吃、一定要買到

　　可從列表中選擇適當的聯想創作成句子，再連綴成文章。

● 試題範例

題目：「我的寵物——小胖」

提示：小胖是父親從基隆四舅家抱回來的小土狗，根據父親的說法牠是所有出生小狗中看起來比較聰明的一隻，在現實生活當中牠的確如此。

表達：

① 喜的表達：由於小胖非常聰明，看到家人從外頭回家會猛搖尾巴，還會叼拖鞋給家人穿，所以非常受到家人的喜愛。

② 怒的表達：小胖會叼拖鞋，當然也會叼其他鞋子。牠經常咬壞家人的鞋子，特別是顏色鮮豔的鞋子，所以常常激怒家人。

③ 哀的表達：由於小胖是一隻土狗，所以野性也特別大。只要帶出去兜風或散步，一不注意都看見牠叼了一堆又髒又臭的廚餘回家，也因此吃壞肚子被帶去看獸醫。悲哀的是，這也是造成牠喪命的原因。

④ 樂的表達：小胖不僅得寵於家人，也得寵於鄰居小孩，聰明與善體人意的牠帶給大家一段快樂的時光。

⑤ 愛的表達：小胖與大家的互動非常好，所以深受大家的喜愛。

⑥ 惡的表達：由於小胖一出生就非常受歡迎，大家都會搶著餵牠吃的東西，因此變得胖嘟嘟的，這也是「小胖」名字的由來。

⑦ 欲的表達：小胖是一隻公狗，三歲以後便到處拈花惹草，特別是在春暖花開的時候。

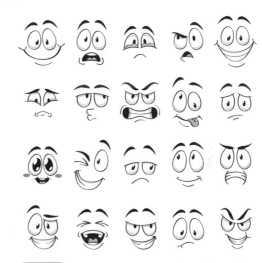

圖 5-6 人是擁有許多情緒的動物，可善用各種情緒在創作上

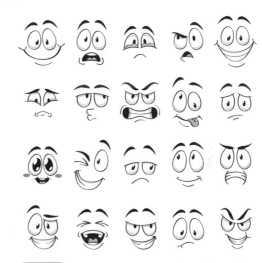

二、六欲作文的創意思考訓練

意指作文中必須包括六欲（眼、耳、鼻、舌、身、意）的要素存在。

● 自我訓練方式

可嘗試用以下方式做練習：

① 主題聯想

可隨機選擇主題，再分別依照感官分類做相關聯想，例如：

主題	情緒	範例
蛋糕	眼	色彩繽紛、造型、精緻、店招
	耳	歡迎光臨、開門聲、開櫃子聲、開爐子聲、收銀機
	鼻	香味、蛋香、奶香、隨風飄香
	舌	可口、香甜、酸甜、清涼、溫熱
	身	輕巧、沉重、冰涼、溫暖、蓬鬆
	意	滿足、再度光臨

可從列表中選擇適當的聯想創作成句子，再連綴成文章。

● 試題範例

題目：「我的寵物——小胖」

提示：小胖是父親從基隆四舅家抱回來的小土狗，根據父親的說法牠是所有出生小狗中看起來比較聰明的一隻，在現實生活當中牠的確如此。。

表達：

① 眼（視）覺的表達：小胖是短毛犬，黑白顏色相間，死去前的身長不到二尺。

② 耳（聽）覺的表達：小胖可以分辨出陌生人與家人的腳步聲。

③ 鼻（嗅）覺的表達：小胖特別喜歡奇臭無比的廚餘。

④ 舌（味）覺的表達：小胖沒有味覺，所以連其他狗大便也吃。

⑤ 身（觸）覺的表達：小胖喜歡人家摸牠的身體，特別是腹部。

⑥ 意（識）的表達：小胖後來死了！家人與鄰居都非常想念牠。

三、音樂作文的創意思考訓練

　　根據提供的音樂或歌曲來寫作文。例如利用「小毛驢」的歌曲來填詞（圖5-7），描述「我的寵物」並且唱出來。

　　例如：

　　「我有一隻小笨貓，圓滾滾一條，一天到晚肚子餓了就對我喵喵叫。我手裡拿著逗貓棒，還有木天蓼（ㄌㄧㄠˇ），不知怎麼稀哩呼嚕，他蹭了我一身毛。」

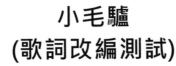

圖 5-7 利用「小毛驢」的歌曲來創作新詞。

四、看圖作文的創意思考訓練

根據提供的圖片或照片，觀察其中的訊息，以此來寫作文。例如：利用下列四張照片，以「古蹟中的古董商」為題，創作一篇短文（如圖5-8）。

在一個假日的早晨，驅車來到天津的夫子廟廣場，悠遊自在的閒逛，看古董字畫。

當逛到賣古董字畫的攤位時，便停下了腳步，仔細的端詳地攤上的書冊字畫，有好一陣子。

由於來到夫子廟的時間尚早，遊客顯得稀稀落落，倒是古董攤商比遊客還多。

當來到一位老先生所擺設的古董攤位時，發現他斑白的頭髮和歲月在臉上留下的痕跡與背後古老建築融合在一塊的景象。

圖5-8 看圖作文範例——「古蹟中的古董商」。

五、剪貼作文的創意思考訓練

根據作文題目找素材，利用剪貼的方式寫一篇圖文並茂的文章來。

◉ 自我訓練方式

可嘗試用以下方式做練習：

① 隨機選定一個主題。

② 根據主題蒐集相關圖片。

③ 分析圖片中的訊息元素。

④ 整理並分類訊息元素。

⑤ 選擇所需要的圖片。

⑥ 依照所選擇的圖片訊息創作作文。

◉ 範例作文

「老街遊記」剪貼作文（圖5-9）。

	1. 如果您未曾有過童年，您可以從這裡重新開始。		4. 如果您未曾見過老街的「古典美人」，這兩位大姊就是最好的見證。
	2. 如果您有過童年，您可以從這裡再喚醒記憶。		5. 泥人不只是捏造出來的，更需要聚精會神的畫出來。
	3. 您只要走過這裡，都希望將這美好的回憶，如雕像般永遠停駐。		6.「五香鳥豆好吃ㄟ！」如果您走過這裡，卻未曾嘗過五香鳥豆，那就算白來老街了。

圖 5-9 剪貼作文範例──「老街遊記」。

六、四格漫畫作文的創意思考訓練

給定一個作文題目，並利用四格漫畫來寫作文，如圖 5-10、5-11 所示之範例。

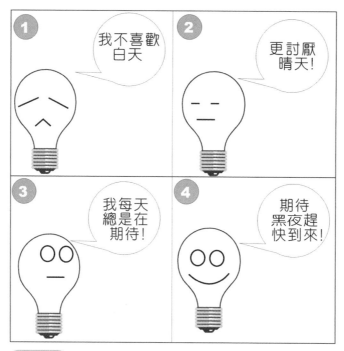

圖 5-10 範例四格漫畫作文——「期待」。

圖 5-11 範例四格漫畫作文——「期待」。

七、詞語聯想的作文創意思考訓練

應用前一節的詞語聯想訓練方式，延伸為寫作作文的創意思考。

◉ （一）成語作文的創意思考訓練

給定一個作文題目，利用聯想法找出相關的成語，再以此來寫作文。例如作文題目為「居安思危」，其相關的成語有：枕戈待旦、生於憂患，死於安樂、覆巢之下無完卵、夙夜匪懈、有備無患、虎視眈眈、生聚教訓、莊敬自強、處變不驚、好逸惡勞、燈紅酒綠、坐以待斃、苟且偷生、苟延殘喘等。

善用成語造句，再利用句子連綴成文章。

◉ （二）歌名作文的創意思考訓練

給定一個作文題目，並請利用相關的歌名來寫作文。例如作文題目為「分享」，其相關的歌名有：〈朋友〉、〈流浪到淡水〉、〈味道〉、〈黑色幽默〉、〈害怕〉、〈雙人枕頭〉、〈墓子埔也敢去〉、〈好心情〉、〈喝采〉……。

◉ （三）合作（接力）作文的創意思考訓練

團隊合作的創意思考訓練方式，先根據作文題目找素材，利用剪貼、美工以及分工合作的方式寫一篇圖文並茂的文章來，並且發表出來。可分為：

① **分工式**：由團隊成員共同討論，先訂好作文呈現內容，再依內容做工作分配，最後整合成一篇作文。

② **接力式**：先訂好作文呈現內容，然後團隊成員抽籤決定順序，以接力的方式依序完成作文內容。

◉ （四）廣告詞作文的創意思考訓練

給定一個作文題目，並請利用相關的廣告詞來寫作文。例如作文題目為「分享」，其相關的廣告詞有：「好東西要與好朋友分享」、「乎乾啦！」、「×××都是為你」、「有良心的好丸子！」、「只溶你口，不溶你手」、「啥咪尚青！」、「小體貼，大舒暢！」、「帝王之樂，盡顯尊榮」、「鑽石恆久遠，一顆永留傳」、「×× 一口口，片刻不離手」、「成功需要朋友，×× 和您真心交朋友」、「告別地中海」……。

◉（五）廣播作文的創意思考訓練

給定一個廣播題目，假設該廣播作文必須在 15 或 30 秒內播放完畢。例如，「阿里山銀行信用卡」廣播廣告詞，其參考範例如下：

表 5-1 「阿里山銀行信用卡」30 秒的廣播廣告詞。

即	日	起	只	要	拿	阿	里	山	銀	行	信	用	卡	到
任	何	一	家	商	店	消	費	滿	3	9	9	元	，	即
可	獲	得	嘉	義	到	阿	里	山	來	回	車	票	一	張
。	活	動	期	間	到	12	月	底	爲	止	，	尚	未	辦
理	阿	里	山	銀	行	信	用	卡	的	消	費	者	，	請
儘	速	到	阿	里	山	銀	行	辦	理	，	或	直	接	撥
打	0	8	0	0	2	2	3	2	2	3	，	0	8	0
0	2	2	3	2	2	3	。							

表 5-2 「阿里山銀行信用卡」15 秒的廣播廣告詞。

即	日	起	只	要	申	辦	阿	里	山	銀	行	信	用	卡
，	就	可	以	免	費	獲	贈	阿	里	山	玩	具	小	火
車	一	部	，	數	量	有	限	、	辦	卡	從	速	！	來
電	請	直	撥	0	8	0	0	2	2	3	2	2	3	。

 **評鑑方式**

① 敏覺力的評量：就字詞（成語）與作文的創意思考訓練中的圖像表現與視覺效果予以評分。

② 流暢力的評量：就字詞（成語）與作文的創意思考訓練中的字詞（成語）或作文敍述是否流暢通順予以評分。

③ 變通力的評量：就字詞（成語）與作文的創意思考訓練中的字詞（成語）或作文敍述是否具有變通性予以評分。

④ 精密力的評量：就字詞（成語）與作文的創意思考訓練中的字詞（成語）或作文敍述是否具體完整予以評分。

⑤ 獨創力的評量：就字詞（成語）與作文的創意思考訓練中的字詞（成語）或作文敍述是否具有獨到的見解或與眾不同予以評分。

⑥ 表達力的評量：個人或團隊報告時就其表達能力部分予以評分。

⑦ 合作性的評量：就團隊實施字詞（成語）或作文的創意思考訓練過程中的合作性予以評分。

綜合演練

一、是非題（每題 10 分，共計 10 題，100 分。）

1. （　）語文具有極高的「實用性」、「功利性」、「文化性」與「差異性」價值。
2. （　）語文能力是一種面對問題的能力，也是一種敏覺力、流暢力、變通力、精密力與獨創力的具體表現。
3. （　）寫作能力或作文能力要好必須具備良好的語文能力。
4. （　）廣告詞或廣告標語可以申請或註冊商標。
5. （　）「今晚，我想來點」可以申請或註冊商標。
6. （　）「DESIGNED BY APPLE IN CALIFORNIA」（「由美國加州蘋果（公司）所設計」之意）可以申請或註冊商標。
7. （　）「吳柏毅」（Uber Eats 的中文諧音）或「胡胖達」（Foodpanda 的中文諧音）可以申請或註冊商標。
8. （　）有時文字中隱藏著非常深奧的哲學，如「贏」字可以拆解成「亡：代表要有危機意識、口：代表要有溝通能力、月：代表要有時間控管能力、貝：代表要有財務管理能力、凡：代表要有平常心」，整體而言，「贏」字可代表君子愛財取之有道，正當取得的財富才算是「贏」。
9. （　）善用成語可以減少不必要的誤會或冗長的白話。
10. （　）論文寫作或撰寫計畫是一種達成目標的能力。

二、練習題

　　請嘗試利用字詞（成語）或作文的創意思考策略來完成下列練習題，字詞（成語）數量不限，由時間來決定：

1. 請寫出與「天、地、玄或黃」同部首的字來。
2. 請寫出與「天、地、玄或黃」同發音的字來。
3. 請寫出與「天、地、玄或黃」同押韻的字來。
4. 請寫出與「天、地、玄或黃」開頭或結尾的同義字詞來。
5. 請寫出與「天、地、玄或黃」開頭或結尾的反義字詞來。

6. 請寫出與「天、地、玄或黃」有關的疊字詞來。

7. 請寫出與「天、地、玄或黃」有關的連鎖聯想來。

8. 請寫出與「天、地、玄或黃」有關的分歧聯想來。

9. 請將上述與「天、地、玄或黃」有關的連鎖與分歧的聯想，按照「動詞、名詞、形容詞、疑問詞、語助詞」予以分類。

10. 請為「天、地、玄、黃」等字組成句子。

11. 請為「天氣、地理、玄妙、黃昏」等詞組成句子。

12. 請為「天生我才、地造一雙」等成語組成句子。

13. 請以「天、地、玄或黃」為字頭造句。

14. 請以「天、地、玄或黃」為字頭寫一段廣告詞。

15. 請以「天、地、玄或黃」為字尾造句。

16. 請以「天、地、玄或黃」為字尾寫一段廣告詞。

17. 猜字謎：

謎題	謎底	謎題	謎底
冥頑不靈者		清澈的水	
斷奶		董卓的情敵當官	
壽辰		比太陽早起	
釣魚		牽紅線	
清水道夫		二硫碘化鉀	

18. 請以「天、地、玄或黃」字繪製文字樹。

19. 文字接龍（食字路口）：請以「天然橘子汁」開頭到「糖醋排骨」作結尾，總共寫出 6 菜 2 湯 2 水果 2 甜點的字詞來。

20. 請寫出與「天、地、玄或黃」有關的字詞或成語的類比來。

21. 請利用同音字寫出有關的相關語來。例如檯（抬、台）的相關語：「檯面上的檯燈必須抬上台上，檯面下的檯燈必須抬下台下！」。

22. 請利用字詞變通造句法（白痴造句法）造句。例如：現在：兇手又出現在命案現場的附近徘徊。

23. 請爲熟悉的商品構思出簡短的廣告詞來。例如：籃球鞋：「儘管秀（籃）」。

24. 請爲熟悉的商品或商店取一個商標來。例如：熱狗：「快樂（熱）狗」。

25. 請利用七情（喜、怒、哀、樂、愛、惡、欲）寫一篇作文，題目爲「我的寶貝」。

26. 請利用六欲（眼、耳、鼻、舌、身、意）寫一篇作文，題目爲「我的機車」。

27. 請利用「望春風」的歌曲來塡詞，描述「我的機車」並且唱出來。

28. 請利用相關的成語來寫一篇作文來，題目爲「天空」。

29. 請利用以下所提供的圖片或照片來寫一篇短文（圖 5-12、5-13）。

圖 5-12 看圖作文練習題 I（圖片順序可以隨意排列組合）。

圖 5-13 看圖作文練習題 II（圖片順序可以隨意排列組合）。

30. 請利用剪貼的方式寫一篇圖文並茂的文章來，題目爲「我的最愛」。

31. 請利用剪貼、美工以及分工合作的方式寫一篇圖文並茂的文章來，題目爲「我的夢想」。

32. 請利用相關的廣告詞來寫一篇作文來，題目爲「大地」。

33. 請利用相關的歌名來寫一篇作文來，題目爲「成長」。

34. 請利用四格漫畫寫作文，題目爲「最快樂的事」。

35. 請爲「××牌手機」寫一則 15 秒與 30 秒的廣播廣告詞。

評分表 語文的創意思考訓練評分表範例。

學號	94123456	姓名	張三			受測日期			20XX0101
項次	訓練項目	創造力評分							小計
		敏覺	流暢	變通	獨創	精密	表達	合作	
1	字詞（成語）	2	3	3	3	2	3	3	19
2	作文	3	3	3	3	3	3	3	21
3	分項創造力得分	5	6	6	6	5	6	6	40
4	分項創造力權值	3.5	3.8	4.5	4.6	4.7	4.3	4.7	4.3
5	分項創造力等第	甲等	甲等	優等	優等	優等	優等	優等	優等
創造力總權值	4.3								
創造力總等第	優等								

※ 等第區分：

1. 優等：該項目平均或總平均為 4.1（含）以上者。

2. 甲等：該項目平均或總平均為 3.1~4.0 者。

3. 乙等：該項目平均或總平均為 2.1~3.0 者。

4. 丙等：該項目平均或總平均為 1.1~2.0 者。

5. 丁等：該項目平均或總平均為 1.0（含）以下者。

※ 權值：2.5× 實際得分 / 全班平均得分。

肢體的創意思考訓練

🎯 **訓練目標：**

熟悉比手畫腳與說不出口的訓練方式與原則，熟悉繪畫、即景、動感、運動、集錦、模仿、百工意象的表演方式。

🏠 **訓練內容：**

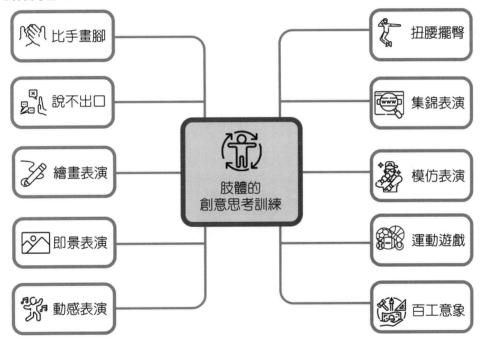

比手畫腳

說不出口

繪畫表演

即景表演

動感表演

肢體的
創意思考訓練

扭腰擺臀

集錦表演

模仿表演

運動遊戲

百工意象

📖 **輔助設備與教材：**

1. 創意思考訓練教室或一般教室。
2. 液晶投影機與筆記型電腦各一部或多功能教學講桌。
3. A4 紙（三種顏色 A4 紙數張）、A1 壁報紙（每組數大張）、剪刀（美工刀或小刀）、膠水、彩色筆一盒（各組自備）。
4. 碼表一只（教師自備）。
5. 評分表、紙上測驗或線上測驗。

 **肢體語言的重要性**

「人類的溝通方式早在石器時代已經決定好了,那就是肢體語言!」

——Discovery 頻道

「人們對您的印象,93% 來自外型、肢體語言和語調!」

——《商業周刊》第 864 期(圖 6-1)

　　想像力比知識重要,而最能引發想像力的,就是肢體語言了!如果一個人自稱「學富五車」,卻不擅於透過肢體語言表現出來,是一件憾事!

　　肢體語言的重要性遠超過語調與語詞的表達,最偉大的推銷員,往往是話最少的,一個懂得察言觀色與肢體語言的推銷員又何必需要太多的廢話,這就是肢體語言的重要性(圖 6-2)。

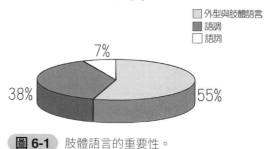

圖 6-1 肢體語言的重要性。

圖 6-2 從肢體語言中可以解讀出許多資訊。

6-2 肢體語言的影響

① 肢體語言影響到企業形象

　　美商惠悅企業魏美蓉首席顧問曾在講述現代行銷學時提到「4P」＋「1P」的概念，「4P」指的是 Product（產品）、Price（定價）、Promote（促銷）、Place（通路），而「1P」指的是 People（肢體作秀者），這其中包括企業的執行長與銷售員，因為對外界來說，他們的一舉一動都代表著企業。由此可知肢體語言對於企業形象的影響。

② 肢體語言影響到個人的升遷

　　「亞裔占美國人口 4%，但『財星』500 大公司中，亞裔董事只占 1%，只因為他們不懂『秀』！」（《商業周刊》第 864 期）。除非您不在乎升遷，否則就必須重視肢體語言對個人的影響。

③ 肢體語言影響到個人的人際關係

　　別說您什麼話都沒有說，卻得到負面的回應，這要怪您將不耐煩與不屑的肢體語言寫在臉上！人永遠只關心自己的事與話題，而經常漠視別人的感受與感覺。因為缺乏耐心傾聽的態度與善意的肢體語言，而無法建立良好人際關係的人比比皆是。人不是的天生的肢體語言表演者，所以需要不斷的練習、練習、再練習，這也是創意思考訓練重要的地方。如要建立良好的人際關係，那麼一切就從肢體語言的訓練開始吧！

④ 肢體語言影響到人類的創意發明

　　胡適先生曾說：「創造來自於模仿！」根據研究發現，絕大部分的發明，幾乎都來自於對人類行為與肢體語言的觀察，特別是符合人體工學的發明品，幾乎都是透過發明家敏銳的觀察力，從人類的肢體語言中找到解決問題的方法。對於想要從事發明創作者，不妨先從觀察人類的肢體語言開始，再推及到自然生態的觀察。

6-3 肢體語言的解讀者

　　除非您整天面對的都是電腦或機器，不然只要與人相處就非得看人臉色不可。列舉部分需要看人臉色的行業或人物如下：

① **執法人員：** 越懂得看人臉色的執法人員，其破案率越高。因為犯罪或走私販毒的人，經常會將惶恐不安寫在臉上或表現在肢體上。所以執法人員只要看到神色慌張或行逕怪異的人，攔截下來檢查準沒有錯。

② **行銷人員：** 一般消費者只要注視某一產品超過 2 秒鐘以上，則成交機率高達 7 成以上。這代表消費者已散發出想要購買或對產品有興趣的信息，這時候行銷人員提供禮貌性的諮詢服務是絕佳的時機！

③ **教職人員：** 這紛亂的時代，學生能在教室安心的上課實在是一件不容易的事。誰知道學生前一個晚上或前一小時是如何度過的？可能是在遊戲中遨遊？可能是在夜店待了一整個晚上？也可能是在便利商店或加油站上大夜班？總之，教職人員必須隨時讀懂學生的臉色，適時表達關懷。雖然要讓上網成癮的學生恢復正常生活是一件不容易的事，但是適時的察言觀色與表達關心，卻是教職人員找回迷途羔羊必要的工作。

④ **領導人員：** 企業的危機往往不是財務與專業出了問題，而是人。人和出了問題，樹倒胡猻散，再豪華的廠辦一樣可以成為廢墟。員工帶槍集體出走投靠敵營，事前不是沒有徵兆，而是領導人員不擅於察言觀色，完全漠視員工的想法、感受與肢體語言。

⑤ **演藝人員：** 當唱歌沒有人聽、講笑話沒有人笑、「秀」沒有人看、表演沒有人鼓掌時就該退出演藝圈了，因為觀眾已經看膩您一成不變的肢體語言了，他（她）用拒買、拒看來否定您對觀眾的輕忽。

⑥ **政治人物：** 當您與選民握手時，選民的肢體語言所表現出來的是不屑與敷衍的眼神時，代表他（她）不會把選票投給您！反之，您也可以從握手時選民的肢體語言，來預測您的得票數與勝選機率。

⑦ **員工：** 經濟持續低迷、失業率節節上升時，員工最需要看老闆的臉色。因為在外面等著進公司工作的人正大排長龍著，除非您是不可或缺的人才。

6-4　肢體語言的訓練

　　肢體語言的擬態訓練，其目的是在於培養學習者的觀察力與肢體動覺的靈活度。本訓練課程將透過一連串的情境、聯想與擬態的訓練，讓肢體動覺更加靈活、肢體語言更爲豐富，並能啓發創造力與創意思考能力。

一、比手畫腳──肢體語言學家

　　最常見的肢體語言訓練活動之一，參賽者在表演時不可以說話，僅能用表情與肢體動作將答案表演出來。此項活動實施的主要目的是在測驗參賽者肢體語言的表達與反應能力，實施時爲了維持競賽的公平性與趣味性，建議每一位上場表演者必須口含棒棒糖。

◉（一）活動準備

　　活動進行前，須先準備好相關工具與人員安排，建議如下：

項目		說明
工具	字卡	用來呈現表演用的題目，每一字卡一題。
	棒棒糖	防止表演者開口說話，同時增加趣味性。
	碼表	計時用。
	評分表	用來記錄個人或團隊成績。
人員	主持人	負責出題、計時、流程控管，並擔任裁判的人。
	表演者	負責用表情與肢體動作比畫出答案的人。
	答題者	負責觀看表演，加以判斷並回答出答案的人。
	記錄者	負責記錄答題狀況及公布成績的人。

◉ （二）活動流程

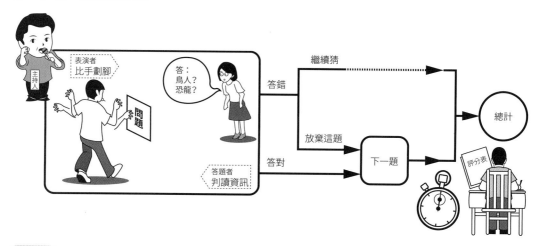

圖 6-3 「比手畫腳」的活動流程圖。

活動進行方式可視參賽人數及狀況協調規則，例如：

① 個人表演式

所有人皆爲參賽者，每人依序上台表演給台下衆人觀看並猜題，台下有人猜對即過關，此時表演者及猜題者各得一分。待所有人都表演完後計算個人總得分。

② 團隊搶答式

表演者輪流上台表演，台下所有人皆可搶答，在限定時間內，累積答對題數最多的隊伍即獲勝。

③ 團隊合作式

參賽者分好團隊後，各團隊依序派人上台表演，台下只有自己的團隊成員可以答題，在限定時間內答對題數最多的隊伍即獲勝。

◉ （三）題目範例

① 情境的表演：

題目	相關聯想	表演內容	參考表情
喜	洗	喜悅、喜宴、喜事連連、喜氣洋洋、喜上眉梢	
怒	—	大怒、敢怒不敢言、怒氣沖沖、怒髮衝冠	

題目	相關聯想	表演內容	參考表情
哀	唉	苦苦哀求、哀傷、哀號遍野、哀莫大於心死	
樂	—	樂不可支、樂不思蜀、樂極生悲、樂而忘返	

② **動物的聯想表演**

善用您的肢體語言，將與動物有關的聯想表演出來，表演題目如下：

題目	相關聯想	表演內容
鼠	數、屬、暑、署、薯、蜀、黍	松鼠、數一數二（鼠一鼠二）
獅	溼、蝨、師、詩、失	獅子王、溼（獅）氣很重
豹	報、抱、暴、爆、鮑、刨	豹（抱）子、報案（抱按）
兔	吐	兔女郎、龜兔賽跑
龍	隆、籠、聾	李小龍、生意興隆（聾）
羊	楊、陽、揚、洋、佯、烊	楊桃（羊逃）、楊梅（羊沒）
鹿	路、陸、錄、露、賂、祿、碌	長頸鹿、鹿死誰手
雞	機、基、積、績、蹟、激、跡、姬	雞飛狗跳、基（雞）礎穩固
鴨	壓、鴉、押	鴨舌帽、壓（鴨）縮
狗	苟、枸	狗急跳牆、不苟（狗）言笑
象	巷、向、像、項、橡、嚮	大象、（象）心力

③ **植物的聯想表演**

善用您的肢體語言，將與植物有關的聯想表演出來，表演題目如下：

(1) 「花」的聯想表演→玫瑰、牽牛花、仙人掌。

(2) 「水果」的聯想表演→剝香蕉、吐葡萄子、削蘋果、芒果冰、龍眼。

(3) 「樹」的聯想表演→聖誕樹、雷擊樹梢。

(4) 「蔬菜」的聯想表演→吃辣椒、搗蒜頭、切洋蔥、拔蘿蔔、燙青菜。

(5) 「草」的聯想表演→割草、滑草、草叢、拔草、草蓆、稻草人。

④ 方向的聯想表演

善用您的肢體語言與方向有**關**的聯想表演出來,表演題目如下:

題目	相關聯想	表演內容
前	錢、潛	向(象)前(錢)走、前(錢)科累累
後	候、厚、后	向(象)後轉、後繼無力
左	佐	向(象)左走、左營(贏)
右	又、幼、誘、佑、柚	向(象)右走、右翼份子
上	尚	往上走、向(象)上提升
下	夏、廈、嚇	往下走、向(象)下沉淪

⑤ 運動的聯想表演

善用您的肢體語言,將與運動有**關**的聯想表演出來,表演題目如下:

(1) 球類運動:灌籃(籃球)、洗袋(撞球)、帶球上籃(籃球)、救球(排球)、扣殺(排球)、全倒(保齡球)、全壘打(棒球)、觸身球(棒球)、三振出局(棒球)。

(2) 田徑運動:男子百米、競走、百米跨欄、撐竿跳、四百米接力、馬拉松、三級跳遠、擲標槍、擲鐵餅、丟鉛球、接力棒漏接、跨欄絆倒、反身跳高。

(3) 水上運動:水上芭蕾舞、縱身入水、轉體三圈半入水、蝶式、蛙式、縱身入水、憋氣潛泳、換氣嗆到水。

(4) 其他運動:快速跳繩、仰臥起坐、交互蹲跳、匍匐前進、翻跟斗、跳火圈、走平衡木、吊單桿、迴旋踢、鐵人三項、太極拳。

⑥ 勞動的聯想表演

善用您的肢體語言,將與勞動有**關**的聯想表演出來,表演題目如下:

(1) 家事勞動:跪著擦地板、擦窗戶、電動吸塵、晾襪子、晾被子、洗馬桶、垃圾分類、追垃圾車、燙西裝褲、縫扣子、刷油漆。

(2) 外出勞動:接送小孩、上傳統市場買菜、上超市購物、速食店打工、殺魚剝蝦、扛鋼筋挑水泥、站崗、做資源回收、送便當、送披薩。

二、說不出口——遠離關鍵字

參賽者在表演時可以說話,但是不可以將答案說出來。可運用相關描述及肢體動作,將答案內容表演出來。此項活動實施的主要目的,在測驗參賽者肢體與口語的協調及反應能力。

◉ (一) 活動準備

項目		說明
工具	字卡	用來呈現表演用的題目,每一字卡一題。
	碼表	計時用。
	評分表	用來記錄個人或團隊成績。
人員	主持人	負責出題、計時、流程控管,並擔任裁判的人。
	表演者	負責用口述與肢體動作形容出答案的人。
	答題者	負責觀看表演,加以判斷並回答出答案的人。
	記錄者	負責記錄答題狀況及公布成績的人。

◉ (二) 活動流程

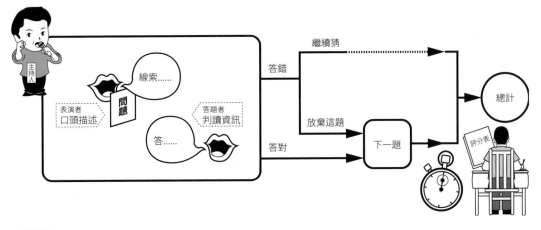

圖 6-4 「說不出口」的活動流程圖。

活動進行方式可視參賽人數及狀況協調規則，例如：

① **個人表演式**

　　所有人皆為參賽者，每人依序上台表演給台下眾人觀看並猜題，台下有人猜對即過**關**，此時表演者及猜題者各得一分。待所有人都表演完後計算個人總得分。

② **集體搶答式**

　　表演者輪流上台表演，台下所有人皆可搶答，在限定時間內，累積答對題數最多的隊伍即獲勝。

③ **團隊合作式**

　　參賽者分好團隊後，各團隊依序派人上台表演，台下只有自己的團隊成員可以答題，在限定時間內答對題數最多的隊伍即獲勝。

◉ （三）題目範例

① **情境的異想表演**

　　係指與「喜、怒、哀、樂」有**關**的異想表演，其中將與「喜、怒、哀、樂」的成語或語詞作些微的改變。例如：

(1) 「喜」的異想表演→喜事連連看、歡笑一竹筐。

(2) 「怒」的異想表演→氣極敗壞東西、七竅生煙火。

(3) 「哀」的異想表演→哭笑不得體、哭聲震天后宮。

(4) 「樂」的異想表演→樂不可支票、樂極生大悲。

② **節氣的異想表演**

　　係指與「春、夏、秋、冬」有**關**的聯想表演，其中將與「春、夏、秋、冬」的成語作些微的改變。例如：

(1) 「春」的異想表演→春暖花開炮。

(2) 「夏」的異想表演→夏威夷平、夏娃娃。

(3) 「秋」的異想表演→秋高氣爽約、秋波斯灣。

(4) 「冬」的異想表演→冬瓜子肉、冬瓜田李下。

③ **動物的異想表演：**

　　係指與動物有**關**的異想表演，其中將與動物有**關**的成語或語詞作些微的改變。

例如：

(1) 「鼠」的異想表演→過街老鼠屎、抱頭鼠竄改。

(2) 「牛」的異想表演→牛排檔、鬥牛士大夫。

(3) 「虎」的異想表演→狐假虎威尼斯、不入虎穴焉得虎子彈。

(4) 「獅」的異想表演→獅子博愛座、獅子吼叫。

(5) 「豹」的異想表演→金錢豹孫子、花豹名牌。

(6) 「兔」的異想表演→龜兔賽繞跑、兔死狐狸悲。

(7) 「龍」的異想表演→望子成龍啞、龍兄虎弟妹。

(8) 「蛇」的異想表演→毒蛇猛獸慾、蛇鼠一窩裡反。

(9) 「馬」的異想表演→馬馬虎虎視眈眈、騎馬打戰鬥機。

(10)「驢」的異想表演→、羊毛出在羊身上漲、掛羊頭賣狗肉粽。

(11)「鹿」的異想表演→鹿死誰手癢。

(12)「猴（侯、喉）」的聯想表演→猛虎難敵猴群眾運動。

(13)「雞」的異想表演→雞飛狗跳舞。

(14)「鴉」的異想表演→鴉雀無聲勢。

(15)「鵝」的異想表演→鵝卵石化工業。

(16)「狗」的異想表演→狗急跳牆頭草。

(17)「豬」的異想表演→豬腳麵線索。

(18)「蟲類」的異想表演→蜈蚣競走私。

(19)「鳥類」的異想表演→飛鴿傳書包。

④ **植物的異想表演**

　　係指與植物有關的異想表演，其中將與植物有關的成語或語詞作些微的改變。

例如：

(1) 「花」的異想表演→花心大蘿蔔乾。

(2) 「水果」的異想表演→倒吃甘蔗汁。

(3) 「樹」的異想表演→螞蟻上樹立。

(4) 「蔬菜」的異想表演→點頭如搗蒜苗。

(5) 「草」的異想表演→草木皆兵變。

⑤ **方向的異想表演**

　　善用您的語文能力、肢體語言與方向有關的異想表演出來。其表演題目如下：

(1) 「前」的異想表演→前科累累壞了。

(2) 「後」的異想表演→後繼無力士。

(3) 「左」的異想表演→向左走看看。

(4) 「上」的異想表演→往上走下去。

⑥ **運動的異想表演**

　　善用您的語文能力、肢體語言與運動有關的異想表演出來。其表演題目如下：

(1) 「球類運動」的異想表演→灌籃高手術（籃球）。

(2) 「田徑運動」的異想表演→男子百米酒、百米跨欄架。

(3) 「水上運動」的異想表演→水上芭蕾舞弊。

(4) 「其他運動」的異想表演→仰臥起坐月子、伏地挺身高。

⑦ **數字的異想表演**

　　善用您的語文能力、肢體語言與數字有關的異想表演出來。其表演題目如下：

(1) 「一」的異想表演→一共三個字。

(2) 「二」的異想表演→二加二等於一加三。

(3) 「三」的異想表演→三七二十四減三。

(4) 「四」的異想表演→四的立方等於八的平方。

(5) 「五」的異想表演→五花八門擋。

(6) 「六」的異想表演→六六大順便。

(7) 「七」的異想表演→七嘴八舌頭。

(8) 「八」的異想表演→八仙過海關。

(9) 「九」的異想表演→九牛一毛錢。

(10)「十」的異想表演→十全十美容。

三、繪畫表演——人體符號化

　　選定一個英文字母或單字，請參賽者在指定時間內，利用肢體動作將英文字母或單字描繪出來。亦可增加變化，以注音符號、標點符號或者表情符號等為表演題目。本課程訓練之目的，係在測驗參賽團隊的觀察能力、肢體語言的表達能力與靈活度。

◉ （一）活動準備

項目		說明
工具	字卡	用來呈現表演用的題目，每一字卡一題。
	棒棒糖	防止表演者開口說話，同時增加趣味性。
	碼表	計時用。
	評分表	用來記錄個人或團隊成績。
人員	主持人	負責出題、計時、流程控管，並擔任裁判的人。
	表演者	負責用表情與肢體動作比畫出答案的人。
	答題者	負責觀看表演，加以判斷並回答出答案的人。
	記錄者	負責記錄答題狀況及公布成績的人。

◉ （二）活動流程

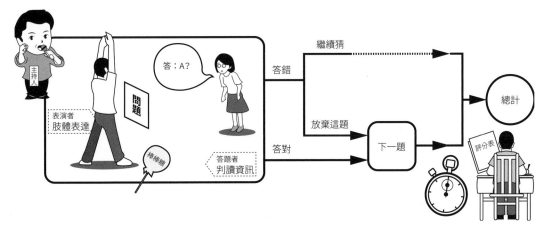

圖 6-5 「繪畫表演」的活動流程圖。

活動進行方式可視參賽人數及狀況協調規則，例如：

① **字母表演式**

題目每一題爲一個英文字母或注音符號，表演者輪流上台表演，台下所有人皆可搶答，在所有表演者都展示完一輪後，累積答對題數最多的隊伍（或個人）即獲勝。

② **團隊表演式**

題目每一題爲一個英文單字、一個注音拼成的中文詞彙，或是一個表情符號。參賽者分好團隊後，依序派人上台表演，利用多人配合的方式描繪出題目內容，只有自己團隊的台下成員可以答題，在限定時間內答對題數最多的隊伍即獲勝。

◉（三）題目範例

① **字母的表演**

任意選取一英文字母爲題，如：A、B、C⋯⋯Z。

② **單字的表演**

任意指定一英文單字爲題，如：

(1) 情緒類：happiness、anger、grief、joy。

(2) 動物類：mouse、ox、tiger、rabbit、dragon、snake、horse、sheep、monkey、chicken、dog、pig。

(3) 花朵類：rose、lily、cactus、molly、violet、peppermint。

(4) 水果類：banana、apple、lemon、guava、mango、coconut、grape。

(5) 蔬菜類：hot pepper、head of garlic、onion、turnip、beansprouts dish。

(6) 運動類：basketball、volleyball、tennis、football、billiards、table tennis。

四、即景表演——最佳布景人

　　指定或任選一個主題，請參賽團隊在指定時間內將所有可能呈現的景象表演出來，內容越多越好，表演者在過程中不可發出聲音以防洩題。本課程訓練之目的，係在考驗參賽團隊的觀察能力、肢體語言的表達能力以及團隊合作默契。

◉ （一）活動準備

項目		說明
工具	字卡	用來呈現表演用的題目，每一字卡一題。
	棒棒糖	防止表演者開口說話，同時增加趣味性。
	碼表	計時用。
	評分表	用來記錄個人或團隊成績。
人員	主持人	負責出題、計時、流程控管，並擔任裁判的人。
	表演者	負責用表情與肢體動作比畫出答案的人。
	答題者	負責觀看表演，加以判斷並回答出答案的人。
	記錄者	負責記錄答題狀況及公布成績的人。

◉ （二）活動流程

　　活動進行方式可視參賽人數及狀況協調規則，例如：

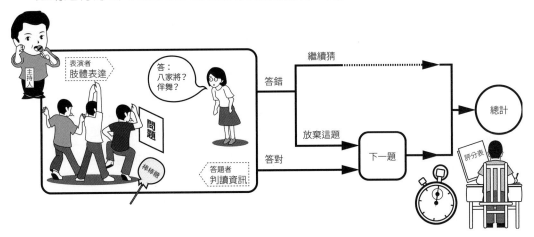

圖 6-6 「即景表演」的活動流程圖。

① 獨挑大梁式

　　團隊中推薦一人上台表演，在主持人處抽取題目後，由表演者表演給同組團員猜題（其他組別在旁觀摩，不參與猜題），猜中後繼續表演下一題，在指定時間內猜中最多的團隊勝出。

② 團隊接力式

　　團隊中的每個人輪流上台表演，在主持人處抽取題目後，表演給同組團員猜題（其他組別在旁觀摩，不參與猜題），在指定時間內猜中最多的團隊勝出。

◉ （三）題目範例

① 災害類：颱風、地震、淹水。

② 生活類：等公車、搭乘捷運、騎乘自行車。

③ 場景類：幼稚園、傳統市場、百貨公司。

五、動感表演──無聲演唱者

　　表演者準備好手機與藍牙耳機，任選一首比較通俗簡單或耳熟能詳的歌曲，利用自身的肢體語言表演歌曲內容，由同組隊員負責猜歌名，在指定時間內猜中最多者勝出。本課程訓練之目的，係在考驗參賽團隊的音樂智能、肢體動覺能力以及團隊合作默契。

◉ （一）活動準備

項目		說明
工具	手機	表演者專用，用以聽取表演用的曲目。
	耳機	表演者專用，避免音樂聲洩題。
	字卡	用來呈現表演用的題目，每一字卡一題。
	棒棒糖	防止表演者開口說話，同時增加趣味性。
	碼表	計時用。
	評分表	用來記錄個人或團隊成績。

項目		說明
人員	主持人	負責出題、計時、流程控管,並擔任裁判的人。
	表演者	負責用口述與肢體動作形容出答案的人。
	答題者	負責觀看表演,加以判斷並回答出答案的人。
	記錄者	負責記錄答題狀況及公布成績的人。

◉（二）活動流程

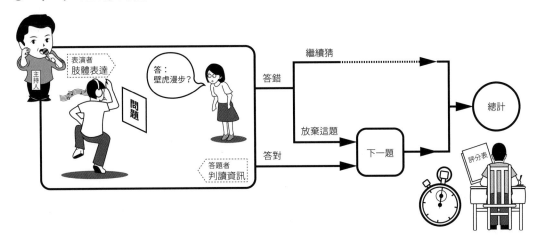

圖 6-7 「動感表演」的活動流程圖。

　　活動進行前先準備好題目,參賽者每人抽選一題,題目不可重複。可視狀況給予參賽者一定的準備時間,之後再進行分組。團隊分組後依序派人上台表演,表演者須戴上耳機以防其他人聽到表演音樂,僅依靠肢體動作演繹歌曲,再由台下的團隊成員猜題。在所有參賽者都表演過後統計成績,答對最多曲目的隊伍獲勝。

六、扭腰擺臀──空氣書法家

　　選取一中文單字為題，表演者藉由腰臀的肢體動作將文字的筆劃表現出來，過程不可使用雙手、不可發出聲音，由台下的團隊成員藉由觀察猜出答案，於指定時間中答題數最高的團隊獲勝。本課程訓練之目的在於培養團隊的合作默契、面對問題與解決問題的創造力以及增強肢體語言表達能力。

◉ （一）活動準備

項目		說明
工具	字卡	用來呈現表演用的題目，每一字卡一題。
	字典	方便尋找相同筆劃的文字。
	棒棒糖	防止表演者開口說話，同時增加趣味性。
	碼表	計時用。
	評分表	用來記錄個人或團隊成績。
人員	主持人	負責出題、計時、流程控管，並擔任裁判的人。
	表演者	負責用表情與肢體動作比畫出答案的人。
	答題者	負責觀看表演，加以判斷並回答出答案的人。
	記錄者	負責記錄答題狀況及公布成績的人。

◉ （二）活動流程

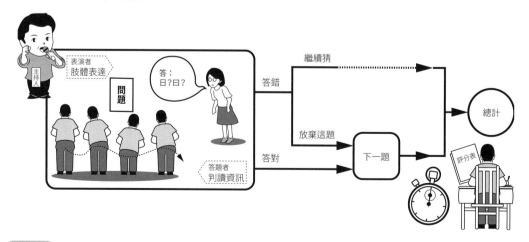

圖 6-8 「扭腰擺臀」的活動流程圖。

活動進行方式可視參賽人數及狀況協調規則，例如：

① **單人表演式**

可搭配以單字為主的題目，首先須準備好單字卡，可用筆劃數來分層級，同一場活動的文字筆劃必須相同以保證公平性。團隊指派一人上台表演，表演者在得知題目後表演給台下的團隊成員猜，答對題目後換下一題接著表演，在時限內答對題數最多的團隊獲勝。此方式適合時間較不足的課堂。

② **單人循環式**

可搭配以單字為主的題目，將參賽者分組之後，各組依序派人上場。表演者抽取題目後，在指定時間中表演題目內容，由台下相同團隊的成員猜題，表演時間到則換下一位成員上台。時間到後計算總成績，答題最高的團隊獲勝。此方式適合時間充足的課堂，能使每位成員都獲得充分練習。

③ **團體表演式**

可搭配以詞語或成語為主的題目，表演者站成一排，每人負責表演一個字給台下的團隊成員猜，答對題目後換下一題接著表演，在時限內答對題數最多的團隊獲勝。

◉ （三）題目範例

① **部首類：** 可結合「5-5 字詞的創意思考訓練」活動一「同部首的創意思考訓練」所整理的文字資料來做訓練，或合併兩個活動做複合訓練。

部首	筆劃	範例
人	6	來、佼、依、佯、併、侍、佳、使、佰、例、侃、佩
心	7	悌、悖、悟、悚、悄、悍、悔、悤、患、悉、悠、您
言	8	誼、諄、諒、談、請、諸、課、諍、誹、調、誰、論

② **詞語類：** 可結合「5-5 字詞的創意思考訓練」活動七「字（詞、成語）的聯想的創意思考訓練」所整理的文字資料來做訓練。

七、集錦表演──搜尋關鍵字

　　參賽者從設定好的題目中抽取主題，如歌詞中帶有「太陽、月亮、星星……」的曲目，在指定時間內，各隊從熟悉的歌曲中找出符合主題的歌曲，在說出正確的歌名並演唱一小段歌曲之後得分，最終匯集最多首歌曲者獲勝。本課程訓練之目的在於培養團隊的合作默契，訓練參賽者的變通力與流暢力。

◉（一）自我訓練方式

　　一般人聽歌往往聽過就算了，真要從歌詞中找關鍵字時，就不得不求助於網路搜索引擎。其實平時聽歌時，可以嘗試用以下方式做練習，還能同時累積詞彙量：

① 關鍵字圈選

　　每首歌都有其主題，留意歌詞中與主題相關的字詞並圈選出來，除了能多累積詞彙量之外，也能訓練閱讀時抓重點的能力。

② 詞語分類

　　圈選好關鍵字詞後，可以將字詞寫在卡片上，並在卡片背面寫下歌曲名稱，再參照第五章的語文訓練做詞語的分類，這樣就能逐漸累積出豐富的歌曲資料。

◉（二）活動準備

項目		說明
工具	字卡	用來呈現表演用的題目，每一字卡一題。
	手機或電腦	協助搜尋資料。
	碼表	計時用。
	評分表	用來記錄個人或團隊成績。
人員	主持人	負責掌管題目、計時、流程控管，並擔任裁判的人。
	參賽者	搜尋相關歌曲並演唱的人。
	記錄者	負責記錄答題狀況及公布成績的人。

◉ （三）活動流程

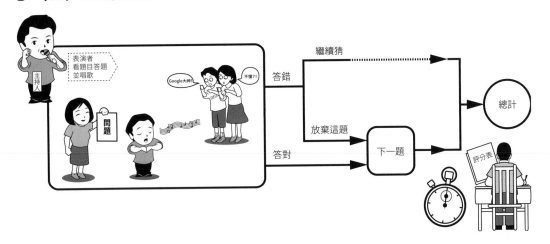

圖 6-9　「集錦表演」的活動流程圖。

　　活動進行方式可視參賽人數及狀況協調規則，例如：

① 個人搶答式

　　參賽者一人一組，抽取主題後憑藉個人的記憶找出相**關**曲目，先唱先贏，被唱過且得分的曲目不得重複（即使是不同句子，但出自同一首歌就不算數）。在指定時間過後計算成績，累積曲目最多者獲勝。

② 集思廣益式

　　參賽者為多人一組，抽取主題後集合眾人的記憶找出相**關**曲目，不得與其他團隊唱過且得分的曲目重複。在指定時間過後計算成績，累積曲目最多的團隊獲勝。

③ 團隊合作式

　　參賽者為多人一組，抽取主題後可利用手機或電腦等相**關**資源進行資料搜尋，集合眾人的力量找出相**關**曲目，不得與其他團隊唱過且得分的曲目重複。在指定時間過後計算成績，累積曲目最多的團隊獲勝。

◉ （四）題目範例

① 天文類：風、雨、雲、星星、月亮、太陽。
② 地理類：山、河、台灣的地名、國外的城市名。
③ 節慶類：春節、情人節、中秋節、聖誕節。

八、模仿表演——歌曲大明星

　　參賽者從熟悉的歌曲中選擇曲目，在指定時間內用模仿演唱的方式演繹歌手及歌曲，台下的答題者依表演線索猜題，在指定時間內答對最多題目的個人或團隊獲勝。本課程訓練之目的在於培養團隊的合作默契、面對問題與解決問題的創造力以及增強肢體語言表達能力、模仿能力與想像力。

◉ （一）活動準備

項目		說明
工具	字卡	用來呈現表演用的題目，每一字卡一題。
	碼表	計時用。
	評分表	用來記錄個人或團隊成績。
人員	主持人	負責掌管題目、計時、流程控管，並擔任裁判的人。
	參賽者	搜尋相關歌曲並演唱的人。
	答題者	負責觀看表演，加以判斷並回答出答案的人。
	記錄者	負責記錄答題狀況及公布成績的人。

◉ （二）活動流程

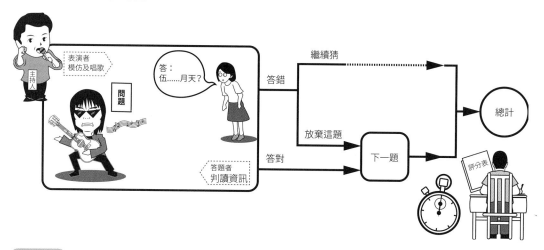

圖 6-10 「模仿表演」的活動流程圖。

活動進行方式可視參賽人數及狀況協調規則，例如：

① **個人表演式**

　　所有人皆為參賽者，每人依序輪流上台表演給台下眾人觀看並猜題，當台下有人猜對時即算過**關**，此時表演者及猜題者各得一分。待所有人都表演完後計算個人總得分，分數最高者獲勝。

② **團隊搶答式**

　　參賽者分好團隊後，各團隊依序派人上台表演，台下所有人皆可搶答，在限定時間內，累積答對題數最多的隊伍即獲勝。

③ **團隊合作式**

　　參賽者分好團隊後，各團隊依序派人上台表演，台下只有自己的團隊成員可以答題，在限定時間內答對題數最多的隊伍即獲勝。

◉ （三）題目範例

　　可依照時代、曲風、語言、藝人類型等來作歌曲的主題分類，例如：

① 童謠：〈兩隻老虎〉、〈小蜜蜂〉、〈小星星〉、〈小毛驢〉等。

② 校園民歌：葉佳修〈外婆的澎湖灣〉、費玉清〈晚安曲〉、劉文正〈三月裡的小雨〉、羅大佑〈光陰的故事〉等。

③ 流行歌曲：張惠妹〈聽海〉、周杰倫〈千里之外〉、蔡依林〈日不落〉、王心凌〈愛你〉、陳奕迅〈孤勇者〉等。

④ 樂團創作：如「伍佰 &China Blue」、「五月天」、「蘇打綠」、「茄子蛋」、「八三夭」、「草東沒有派對」等樂團的作品。

⑤ 競選常用歌曲：〈愛拚才會贏〉、〈天下一定是咱的〉等。

九、運動遊戲——我是運動員

　　參賽者選擇任一運動項目，如籃球、棒球、排球、撐竿跳、跳高、跳遠……等與奧運或職業比賽有關的運動項目，以自身的肢體語言演繹出來，期間不可發出聲音，由台下的團隊成員回答其所表演的題目，在指定時間內答對最多題目的個人或團隊獲勝。本課程訓練之目的在於培養團隊的合作默契、面對問題與解決問題的創造力以及增強肢體語言表達能力、模仿能力與想像力。

◉ （一）自我訓練方式

　　可嘗試用以下方式做練習：

① 運動分類

　　可按照運動的性質做初步分類，例如：球類運動、田徑項目、水上運動等。分類的同時可增加對各類運動的熟悉度。

② 關鍵動作

　　各運動項目都有其特點，可在做好運動分類之後，觀察並整理各運動項目的關鍵動作，例如：網球的發球動作、羽球的發球動作、桌球的發球動作等。藉由掌握關鍵動作，能讓表演時更為生動。

◉ （二）活動準備

項目		說明
工具	字卡	用來呈現表演用的題目，每一字卡一題。
	棒棒糖	防止表演者開口說話，同時增加趣味性。
	碼表	計時用。
	評分表	用來記錄個人或團隊成績。
人員	主持人	負責出題、計時、流程控管，並擔任裁判的人。
	表演者	負責用表情與肢體動作比畫出答案的人。
	答題者	負責觀看表演，加以判斷並回答出答案的人。
	記錄者	負責記錄答題狀況及公布成績的人。

◉ （三）活動流程

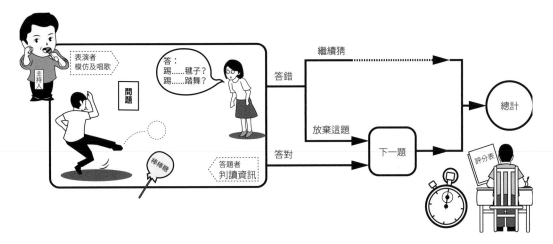

圖 **6-11**　「運動遊戲」的活動流程圖。

　　活動進行方式可視參賽人數及狀況協調規則，例如：

① 個人表演式

　　所有人皆為參賽者，每人依序上台表演給台下眾人觀看並猜題，台下有人猜對即過**關**，此時表演者及猜題者各得一分。待所有人都表演完後計算個人總得分。

② 團隊搶答式

　　表演者輪流上台表演，台下所有人皆可搶答，在限定時間內，累積答對題數最多的隊伍即獲勝。

③ 團隊合作式

　　參賽者分好團隊後，各團隊依序派人上台表演，台下只有自己的團隊成員可以答題，在限定時間內答對題數最多的隊伍即獲勝。

◉ （四）題目範例

　　可搭配課程當下正在**舉**辦的活動，例如學校運動會、亞運、奧運或職業運動比賽等，以增加參賽者的共鳴感，項目**舉**例如下：

① 球類運動：籃球、棒球、排球、足球。

② 田徑項目：跳高、跳遠、鉛球、接力賽。

③ 水上活動：游泳、潛水、風帆、泛舟。

十、百工意象——猜猜我是誰

　　參賽者抽選任一職業，運用肢體動作表現出職業特徵，由台下的團隊成員負責猜謎，在指定時間內答對最多題目的團隊獲勝。此活動目的在於測驗學生對各行各業作息與生態的觀察能力與想像力，以及訓練肢體語言的表達能力。

◉（一）自我訓練方式

　　可嘗試用以下方式做練習：

① 職業分類

　　可按照職業的性質做初步分類，例如：公務員、軍警人員、醫護人員等。分類的同時可增加對各職業的熟悉度。

② 關鍵動作

　　各職業都有其特點，可在做好職業分類之後，觀察並整理各職業的關鍵動作，例如：交通警察的指揮動作、老師上課的動作、醫生開刀的姿勢等。藉由掌握關鍵動作，能讓表演時更為生動。

◉（二）活動準備

項目		說明
工具	字卡	用來呈現表演用的題目，每一字卡一題。
	棒棒糖	防止表演者開口說話，同時增加趣味性。
	碼表	計時用。
	評分表	用來記錄個人或團隊成績。
人員	主持人	負責出題、計時、流程控管，並擔任裁判的人。
	表演者	負責用表情與肢體動作比畫出答案的人。
	答題者	負責觀看表演，加以判斷並回答出答案的人。
	記錄者	負責記錄答題狀況及公布成績的人。

◉ （三）活動流程

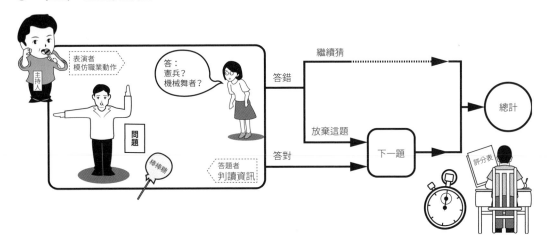

圖 6-12 「百工意象」的活動流程圖。

　　活動進行方式可視參賽人數及狀況協調規則，例如：

① 獨挑大梁式

　　團隊中推薦一人上台表演，在主持人處抽取題目後，由表演者表演給同組團員猜題（其他組別在旁觀摩，不參與猜題），猜中後繼續表演下一題，在指定時間內猜中最多的團隊勝出。

② 團隊接力式

　　團隊中的每個人輪流上台表演，在主持人處抽取題目後，表演給同組團員猜題（其他組別在旁觀摩，不參與猜題），在指定時間內猜中最多的團隊勝出。

◉ （四）題目範例

序號	題目	序號	題目
1	高山嚮導、協作	6	郵差、快遞人員、外送人員
2	海女、漁夫、船長、領港人	7	餐廳接待員、外場人員、廚師
3	水泥工、木工、水電工	8	消防員、警員、軍人
4	導遊、司機、飛行員、空服員	9	醫生、護士
5	記者、攝影師、導演、主播	10	網紅、網購主播

 **評鑑方式**

① 比手畫腳的評量：猜對題目者與表演者各加 1 分。

② 說不出口的評量：猜對者與表演者各加 1 分。

③ 繪畫表演的評量：猜對者與表演者各加 1 分。

④ 即景、動感、運動、集錦、模仿、百工意象表演的評量：

(1) 敏覺力的評量：肢體語言與肢體動作非常靈活或相似度非常高者可得 1 分。

(2) 流暢力的評量：表演內容的每一概念可得 1 分。

(3) 變通力的評量：表演內容的概念種類不同者可得 1 分。

(4) 獨創力的評量：相同表演主題但表演內容或概念與眾不同者可得 3 分。

(5) 精密力的評量：表演內容非常緊湊者可得 5 分。

以上肢體語言的創造力評量方式，可依需要作調整。

綜合演練

一、是非題（每題 10 分，共計 10 題，100 分。）

1.（　）成功的演講或表演少不了要有豐富的肢體語言。

2.（　）人們對您的印象，93% 來自外型、肢體語言和語調。

3.（　）要成為成功的業務人員必須具備有豐富的肢體語言。

4.（　）肢體語言是一種想像力的具體表現。

5.（　）單手托腮的代表快樂。

6.（　）手臂交叉抱胸代表在乎對方。

7.（　）眼睛斜視代表沉思或不屑。

8.（　）不自覺觸摸手腕、袖口、手錶代表情緒浮動，想強迫自己平靜下來。

9.（　）當一個人不經意在做摸脖子、後腦的動作，代表正在說謊。

10.（　）當一個人在眼睛周圍揉搓時，代表他不想看見某件事或看不清楚某件東西，或可能正在說謊。

二、練習題

　　肢體語言的訓練著重在全員與全程參與以及事前的準備，例如比手劃腳、說不出口與其他表演題庫的準備。而指導老師則必須掌控時間、進度、氣氛與節奏，以及見好就收的技巧，題目可參考 6-4 內容或自行設定。

1. 比手畫腳：表演時不可以說話，僅能用表情與肢體動作將答案表演出來。

2. 說不出口：表演時可以說話，但是不可以將答案說出來。

3. 繪畫表演：選定一個英文字母或單字，請參賽者在指定時間內，利用肢體（臀部）將英文字母或單字畫出來。

4. 即景表演：指定或任選一個主題，請參賽團隊在指定時間內用肢體動作將主題的景象表演出來。

5. 動感表演：表演者可使用手機與耳機，從指定的歌曲中任選一首，利用肢體語言將歌曲內容表演出來。

6. 扭腰擺臀：選取一中文單字為題，表演者藉由腰臀的肢體動作將文字的筆劃表現出來。

7. 集錦表演：參賽者從設定好的題目中抽取主題，在指定時間內，各隊從熟悉的歌曲中找出符合主題的歌曲，說出正確的歌名並演唱一小段歌曲內容。

8. 模仿表演：參賽者從熟悉的歌曲中選擇曲目，在指定時間內用模仿演唱的方式將歌手及歌曲特點演繹出來。

9. 運動遊戲：參賽者選擇任一運動項目，以自身的肢體語言演繹出來。

10. 百工意象：參賽者選擇任一職業，以自身的肢體語言演繹出來。

評分表 創意思考的策略運用評分表範例。

學號	1120101	姓名	周易	受測日期	20XX0101
項次	訓練項目	創造力評分			小計
		敏覺力（答對／全部題目）			
1	比手劃腳	4			3.5（2.5×4/2.86）
2	說不出口	3			3.2（2.5×3/2.34）
3	繪畫表演	4			3.1（2.5×4/3.23）
敏覺力與肢體動覺權值		3.3			
敏覺力與肢體動覺等第		甲等			

項次	訓練項目	創造力評分				小計
		流暢力	變通力	獨創力	精密力	
4	即景表演	5	3	2	4	14
5	動感表演	4	3	2	3	12
6	扭腰擺臀	4	2	3	2	11
7	集錦表演	3	3	3	3	12
8	模仿表演	3	2	3	3	11
9	運動遊戲	3	4	5	5	17
10	百工意象	3	3	3	3	12
分項創造力得分		25	20	21	23	89
分項創造力權值		3.6	3.5	4.3	4.1	3.9
分項創造力等第		甲等	甲等	優等	優等	甲等
創造力總權值		3.6				
創造力總等第		甲等				

※ 等第區分：

1. 優等：該項目平均或總平均爲 4.1（含）以上者。

2. 甲等：該項目平均或總平均爲 3.1~4.0 者。

3. 乙等：該項目平均或總平均爲 2.1~3.0 者。

4. 丙等：該項目平均或總平均爲 1.1~2.0 者。

5. 丁等：該項目平均或總平均爲 1.0（含）以下者。

※ 權值：2.5× 實際得分 / 全班平均得分。

創意發明的思考方式

◎ **訓練目標：**

　　熟悉生活需求的聯想訓練、人因工程問卷調查、專利標的發想、專利分類發想與奔馳法。

◎ **訓練內容：**

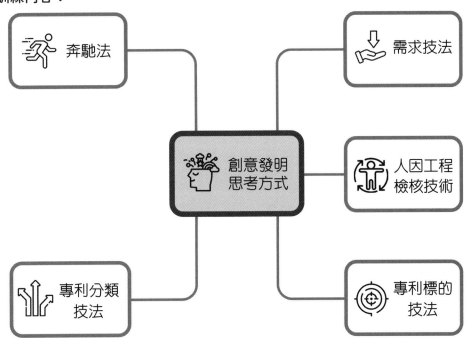

◎ **輔助設備與教材：**

　　1. 創意思考訓練教室或一般教室。

　　2. 液晶投影機與筆記型電腦各一部或多功能教學講桌。

　　3. A4 紙（三種顏色 A4 紙數張）、A1 壁報紙（每組數大張）、剪刀（美工刀或小刀）、膠水、彩色筆一盒（各組自備）。

　　4. 碼表一只（教師自備）。

　　5. 評分表、紙上測驗或線上測驗。

7-1 發明的動力

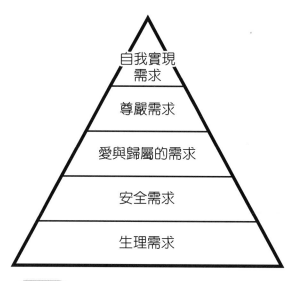

自我實現
需求

尊嚴需求

愛與歸屬的需求

安全需求

生理需求

圖 7-1 馬斯洛的需求層次理論。

　　人類是情感複雜的動物，也因此有許多不同層面的欲望。爲了滿足各種不同的需求，人們會想方設法來達成目的，而這便是人類發明的動力。

　　馬斯洛的需求層次理論將人的需求分爲：生理需求、安全需求、愛與歸屬的需求、尊嚴需求、自我實現需求等（圖 7-1），而我們可以從中再加以細分，如：

需求	說明	範例
食	飲食是生存的基本需求，而人在這個基礎上又更進一步追求食物的色、香、味，於是不斷發明新的飲食方式，逐步發展出飲食文化。	用火、調味料（油鹽醬醋）、烹飪方式（煎煮炒炸）……
衣	衣物最初用於滿足保暖、遮蔽身體的需求，而隨著不同的氣候環境與機能要求，衣物的材質與種類也愈來愈多，甚至發展出流行文化。	皮衣、棉衣、羽絨衣、運動服……

需求	說明	範例
住	有一個遮風擋雨的地方無疑能大大提升生存條件。原始人居住在洞窟中，然而洞窟並非到處都有。隨著人類的遷徙與發展，居住的需求讓人開始設法人工建造適合的居所。	茅屋、磚房、摩天大樓……
行	不論是找尋食物或是貿易往來，交通方式都是極為重要的一環。隨著需求愈來愈多，交通工具也不斷演變。	船、腳踏車、汽車、飛機……
育	經驗與知識的傳承能減少後人走錯路的時間，提高生存機率。於是從口耳相傳到文字記錄，越來越多的教育方式相繼出現。	文字、書籍、學校……
樂	從原始時代的投擲物品、跑步追逐，人一直都有追尋娛樂的需求。發展到現代，娛樂的方式更是五花八門。	遊戲、節慶、運動項目……
心理	對於人身安全、財產安全等各個層面的安全感需求，在族群發展逐漸龐大後更顯得重要，於是相關的制度逐漸出現。	法律制度、福利制度、保險制度、心理諮詢……
愛與歸屬	人是群居的動物，不免需要在群體中找尋自己的歸屬，因此就產生人與人之間互動的社交需求，讓個人得以融入群體。	家庭制度、社團活動、聚會……
尊重	人都有自己的尊嚴，因此在人際關係中就需要尊重與被尊重。從口頭的讚揚到財務的獎勵，再到明文規定的激勵方式等，都是「尊重」需求發展的表現。	獎狀、獎章、獎金、榮譽榜……
自我理想實現	每個人都有不同的理想與價值觀，在滿足了生活的基本需求之後，便會設法追尋理想與滿足自我的價值觀。	職人、達人、藝術家……

創意發明的思考方式

7

8

181

7-2 發明的認知

發明的動機來自於不同的需求，無論是生理、心理、愛與被愛、尊重與被尊重或自我理想實現的需求也好。發明的目的就是在解決問題而不是在製造問題，更不是爲發明而發明。而發明的動機，除了來自於上述需求之外，其內在動機（熱情、正常的價值觀、使命感、成就感、自我實現……）永遠比外在動機（專利、獎勵、獎金、升遷、升等、升官……）重要。因爲內在動機是持續性與永久性的，屬於主觀因素可以操之在我，而外在動機是短暫與變異的，屬於客觀因素成之在人。所以說，對於發明本身必須要有正確的認知與態度，如此才能找到發明眞正的價值，而不只是一味的追求專利、金錢與價格而已。更進一步的說，發明不僅是物的創新，更是人的創新，尤其是態度與認知。

① 自然（天然）是發明之師

人類開飛機作特技飛行時，可以做各式各樣的動作，卻不能做非線性飛行，但是蒼蠅、蚊子與蜻蜓等昆蟲卻可以辦到（圖 7-2）。公分級的無線微型機器人只能在平坦的表面作簡單的運動，但是釐米級的螞蟻可以舉起超過自身重量 20 倍的物體，並且超越各種障礙將物體搬回巢。冷氣機可以製造清涼的空氣，不過卻非常耗電、會產生廢熱且會製造環保問題，但是一顆大樹等於四十冷凍噸的冷氣機，不需用電又沒有廢熱且不會製造環保問題。天上的飛機可能會墜機，但是天上飛的動物卻很少看到墜落，除非被人射擊。地

圖 7-2 蜻蜓擁有高超的飛行能力，人類便是由此發想，從而發明了直升機。

震過後或大火後，大地依然可以恢復生機，但是人造的輻射物卻永劫不復。所以說自然（天然）是發明之師，人類在發明前應先效法自然（天然）的無害，否則每發明一樣東西便隨之製造一個麻煩出來。

② 熱情是最好的發明

要發明光是努力還不夠，有時努力並非出於自願。發明除了努力之外，更需要熱情。沒有熱情的發明只是在追求價格而已，有熱情的發明則是追求價值。只有熱情才能啓動好奇心、勇於接受挑戰、勇於嘗試與冒險，所以說熱情就是最好的發明。

③ 簡單是最好的發明

越簡單的發明，越容易被人廣泛與長久的使用。雖然世上的發明多如繁星，但也像流星般的稍縱即逝，而能夠流傳千古的發明往往是簡單又實用的，所以說簡單就是最好的發明（圖7-3）。

圖 7-3 筷子的普及，證明了越簡單的發明越容易被人長久的使用。

④ 想像是最好的發明

沒有不可能的發明，只要想像得到，便可以做到，只是呈現的方式不同罷了。沒有想像就沒有預知能力，沒有預知能力就沒有發明的動力與執行力。目前未出現的發明，不代表未來不會出現。只有想像力才能夠超越時空、知識與感覺的限制及束縛，沒有想像力就沒有好的發明與偉大的發明。好的發明不僅是想像的成果，更是想像的活水源頭，它會引發別人想像且會一直的綿延不斷的持續下去，所以說想像是最好的發明。

⑤ 發明並不僅限於專利

教育制度是一種發明、社會制度是一種發明、健康保險制度是一種發明、武俠小說是一種發明、電腦動畫是一種發明、漫畫是一種發明、廣告是一種發明、商標是一種發明、運動競賽是一種發明、遊戲是一種發明、演唱是一種發明、舞蹈是一種發明、繪畫是一種發明、雕刻是一種發明，只要是前所未有或是能解決問題的便是一種發明，所以說，發明並不僅限於專利而已。

⑥ 沒有一夜致富的發明

除非中彩券，否則世上沒有一夜致富的發明，因為發明需要花時間、花人力、花錢。特別是指花錢的部分，研發需要錢（光是人事費就夠瞧了）、專利申請、維護與訴訟需要錢（尤是多國專利）、大量製造需要大量的錢、廣告行銷更需要錢。萬事俱備了，還要承擔 95% 以上的失敗風險。所以在市面所看到的發明沒有一樣是一夜致富的，它們都是人力、時間與金錢堆積起來的。

從以上的認知，可以瞭解到人對發明的態度比發明本身重要。而發明真正的價值，會反映在價格與時空上。如果認知錯誤，其後果輕者將身敗名裂，重者將家破人亡。

7-3 發明的需求技法

「問題（需求）之所在，即是發明之所在！」

「不怕沒有發明，就怕沒有問題（需求）。」

當發明遇到瓶頸時，不妨從需求面來考量。以下**舉**手機作為範例，利用需求技法來做演練，展現對不同需求所產生的聯想，例如：

需求	手機的相關發明聯想
食	可以訂披薩、訂便當、餐廳預約、可以用來點餐、可以用來刷卡付餐費、可以查閱美食地圖、可以用來檢測蔬果的農藥殘餘、可以傳送烤肉味、可以偵測食物的熱量……。
衣	可以做造型設計、可以量身訂做衣服、可以查閱最新服飾動態、可以將手機與衣服結合變成手機風衣或手機外套、利用太陽能衣服來幫手機充電、可以用來檢測衣物上的螢光劑……。
住	可以變成住宅內的對講機、可以變成防盜或監視系統、可以遙控家門、可以探測鋼筋的輻射量與房屋結構、可以做為防身器或警報器、可以做為地震預報器、可以量體溫或溫度、可以偵測瓦斯或有毒氣體、可以協尋房屋……。
行	可以當隨身聽來用、可以當隨身碟來用、可以當「悠遊卡」來用、可以提款、可以當汽車防盜器來用、可以遙控車門、可以當行走計步器來用、可以當作指南針或衛星定位系統來用、可以利用走路或騎車來充電、可以查閱交通與街道狀況、可以當防撞系統來用、可以當酒精偵測器來用、傳送香味……。
育	可以當掃瞄器與語言翻譯機來用、可以長時間攝影與錄音、可以作筆記、可以解數學問題、可以當作百科全書來用、可以查閱教科書資料、可以當點名簿來用、可以自動統計學生上課的表現、可以作法律顧問……。
樂	可以唱卡啦 OK、可以播放音樂、可以播放 DVD、可以當玩具車或飛機的遙控器、可以當穴道按摩器……。
心理	可以偵測心情指數、血壓與血糖、可以作性向測驗、可以作星座即時解析、可以作心理輔導老師、可以作命盤解析……。
愛與歸屬	可以隨時向父母親報平安、可以自動發送生日賀卡代訂蛋糕與自動扣款或刷卡、可以發送香水信件、可以知道孩子的行蹤、可以隨時得知家人的身體狀況與心情指數、可以代發情書、可以作視訊通話、可以自動設定孩子的通話額度、可以傳遞失蹤人口的照片、可以查詢汽機車失竊記錄……。

需求	手機的相關發明聯想
尊重	可以自動過濾垃圾信息、可以追蹤詐騙集團電話號碼、可以辨識詐騙集團身份、到餐廳戲院或歌劇院或禁用手機的地方會自動關機……。
自我理想實現	大師設計之手機、限量手工手機、鑽石（黃金、白金鈦合金）打造之手機、名牌型手機、典藏型手機、Benz 級手機、Rolex 級手機……。

7-4　人因工程檢核技術

　　「創意始終來自於人性」，更精確的說：「創意始終來自於人因工程（人體工學）」。一般家庭主婦常常抱怨，從百貨公司買回來的家電用品不好用。原因很簡單，因為大部分的家電用品的設計與研發者，幾乎是不下廚房或不做家事的，甚至於連行銷員也是。對於一個很少下廚房或做家事的設計或研發工程師來說，要設計或研發出一個符合家庭主婦需求的家電用品來，難免有不盡理想的地方。所以說，任何發明品設計研發時，必須考慮到使用對象與產品之間的互動關係和感受。

　　以下是以手機為例，利用人因工程檢核技術來做創意思考訓練，思考發明品給人的感覺為何，進而提出具體說明與建議事項：

針對發明品在各方面的表現，請在右側表格勾選您的滿意度感受，進而提出具體說明與建議事項。	非常滿意	滿意	尚可	不滿意	非常不滿意
問題：×××手機給予人在觸覺上的感覺為何？ 具體說明與建議事項： 1. 鍵盤觸控性良好。 2. 可以單手觸控手機鍵盤。 3. 鍵盤材質軟硬適中。	☐	■	☐	☐	☐
問題：×××手機給予人在視覺上的感覺為何？ 具體說明與建議事項： 1. 夜間看不到按鍵圖文：建議採用夜間照明裝置。 2. 視覺比例不對：建議採用 16：9 螢幕。 3. 機殼與圖文部分會蛻色：加強烤漆品質。	☐	☐	■	☐	☐

問題：×××手機給予人在聽覺上的感覺為何？ 具體說明與建議事項： 1. 收訊時偶而會產生音爆現象：建議改善音爆現象。 2. 聲音失真不夠柔和：加強音響效果。 3. 有雜訊干擾：設計雜訊自動過濾系統。 4. 缺少真實感：可融入自然的聲音。	☐	☐	☐	☐	■
問題：×××手機給予人在操作時姿態上的感覺為何？ 具體說明與建議事項： 1. 不適合左撇子與盲人使用：設計製造時必須考慮特殊 　消費族群之使用習慣。 2. 按鍵間距太小：建議適當加大。 3. 長時間使用手會酸：建議購買手機附贈耳機。 4. 坐姿與立姿操作感覺還可以，但是不利於臥姿、騎 　車駕車或行進間之操作。	☐	☐	☐	■	☐
問題：×××手機給予人在安全上的感覺為何？ 具體說明與建議事項： 1. 電磁波過強不適合繫於腰際或胸口處：改善收訊方 　式，訊號先弱再漸次增強，以降低電磁波的強度。 2. 充電時機體有過熱現象：必須改善電路與散熱問題。 3. 充電時間過長且待機時間過短：必須改善電池構造。	☐	☐	☐	■	☐
問題：×××手機給予人在功能上的感覺為何？ 具體說明與建議事項： 1. 不會自動顯示通話費率：應該自動顯現通話費率與累 　計費率，讓消費者可以隨時知道通話費。 2. 沒有未成年通話費限定服務：未成年沒有經濟能力， 　如果能夠在通話費上作限定之設計則更符合一般家長 　需求。 3. 功能過於複雜：手機內過多的功能設計變得非常複 　雜，研發者應該依照消費族群設計不同的功能，尤其 　是不常用的功能設計應該刪除或簡化設計。 4. 不具遙控與防盜功能：可嵌入遙控車門或車庫以及 　具有防盜功能之晶片。 5. 不能用來提款或刷卡：可嵌入可提款與刷卡之晶片， 　另外可以當做通行證或悠遊卡來使用。	☐	☐	☐	■	☐

7-5 專利標的技法

中華民國專利法乃是為鼓勵、保護、利用發明、新型及設計之創作而制定，其中針對三種專利的定義如下（專利法第 21 條）：

① **發明專利**：發明，指利用自然法則之技術思想之創作。

② **新型專利**：新型，指利用自然法則之技術思想，對物品之形狀、構造或組合之創作（專利法第 104 條）。

③ **設計專利**：設計，指對物品之全部或部分之形狀、花紋、色彩或其結合，透過視覺訴求之創作（專利法第 121 條）。

由以上條文內容可看出專利的標的有幾個層面如：製作方法、功能、形狀、構造或組合、花紋、色彩等。

發明、新型與設計專利除了必須符合上述消極條件之外，仍然必須符合產業上利用性、新穎性與進步性之積極條件。因此在從事專利發明之前，最好是先熟悉專利法以及做好事前的資料蒐集分析工作，這樣才能達到事半功倍之效，否則再好的創意點子恐怕也只是徒勞無功而已。

以下是以手機為例的專利標的技法：

一、方法的改變

問：手機的哪一部分或全部的製作方法可以改變，使得新型手機能夠符合專利申請要件？

答：

① 環保手機製造方法：設計環保手機生產線，手機內部的零組件全部是環保材料，當手機淘汰時可以回收再利用。

② 典藏手機製造方法：設計典藏手機生產線，手機內部的零組件全部都是永久性材料，讓手機具有典藏價值。

③ 個性化手機：設計個性化手機生產線，讓每一手機可以隨消費者的喜好而量身訂做。

二、功能的改變

問：手機的哪一部分或全部的功能可以改變，使得新型手機能夠符合專利申請要件？

答：

① 噴香水功能：在手機頂部位置設置來電香水噴霧器，該噴霧器接收到不同的來電訊號時，可以噴出不同味道的香水。

② 提款功能：可以直接將手機插在提款機特製的插槽內，再由提款手機輸入密碼後便可以直接提款或轉帳。

③ 刷卡功能：可以直接將手機插在刷卡機特製的插槽內，再由刷卡手機輸入密碼後便可以完成記帳手續。或者是利用掃瞄方式，將刷卡手機在讀卡機前掃瞄便可以完成記帳手續。其中該刷卡手機亦可以當通行證來用。

三、形狀的改變

問：手機的哪一部分或全部的形狀可以改變，使得新型手機能夠符合專利申請要件？

答：

① 昆蟲手機：將手機打造成昆蟲模樣（圖 7-4），並可賦予特定功能，例如將手機打造成小瓢蟲模樣，即可獲得設計專利；如果小瓢蟲手機的外殼具有像翅膀一樣展開的功能，則應該申請新型專利。

圖 7-4 讓手機具有昆蟲的外型？

② 照相（攝影）手機：將手機做成照相機或攝影機的形狀或將照相機或攝影機做成手機的形狀。

③ 手飾（手錶）手機：將手機做成手飾或手錶的形狀。

④ 項鍊（耳環）手機：將手機做成項鍊或耳環的形狀。

⑤ 夾克手機：將手機的主要零組件散布在夾克上，並利用耳機接收信號。

四、構造的改變

問：手機的哪一部分或全部的構造可以改變，使得新型手機能夠符合專利申請要件？

答：

① 通用系列匯流排（USB）手機：在手機上嵌入 USB 構造，讓手機具有隨身碟的功能。

② 自動變焦手機：在手機內部設置自動變焦構造，該構造由螺旋式壓電陶瓷所構成。

③ 光碟手機：在手機內部設置可讀取 DVD 或 CD 的構造，該構造係光學讀取頭與積體電路所構成。

五、裝置的改變

問：手機的哪一部分或全部的裝置可以改變，使得新型手機能夠符合專利申請要件？

答：

① 衛星定位手機：在手機上嵌入衛星定位裝置，讓手機具有導航與定位功能。

② 三用電表手機：在手機上嵌入三用電表裝置，讓手機具有量測電壓、電流與電阻功能。

③ 卡啦 OK 手機：在手機上嵌入卡啦 OK 裝置，讓手機具有自動點唱與顯示字幕功能（圖 7-5）。

圖 7-5 讓手機具有卡拉 OK 功能？

六、花紋的改變

問：手機的哪一部分或全部的花紋可以改變，使得新型手機能夠符合專利申請要件？（花紋的改變以不侵犯既有專利的形狀為主）

答：

① 豹紋手機：在手機上壓印豹紋，讓手機具有野性美。

② 方格紋手機：在手機上壓印方格紋，讓知名品牌的條紋設計與手機結合在一塊。

③ 書畫手機：在手機上壓印名家的書法與圖畫，讓手機具有文人品味。

七、色彩的改變

問：手機的哪一部分或全部的色彩可以改變，使得新型手機能夠符合專利申請要件？（色彩的改變以不侵犯既有專利的形狀為主）

答：

① 粉紅手機：在手機上全部或局部部分塗佈粉紅色彩且可加入卡通圖案與幾何圖形。

② 歡樂手機：在手機上全部或局部部分塗佈代表歡樂的色彩且可加入卡通圖案與幾何圖形。

③ 清涼手機：在手機上全部或局部部分塗佈代表清涼的色彩且可加入卡通圖案與幾何圖形。

7-6 專利分類技法

上述的發明創意思考訓練係利用專利標的來做腦力激盪，在這一節中將利用專利分類技法來更進一步的激發創意。希望透過一系列的創意思考策略，讓所關注的主題能夠找到創新與具體的解決方案，進而可以透過專利申請與維護來保障智慧財產。

一、國際專利分類

國際專利分類是根據 1971 年簽訂的《國際專利分類斯特拉斯堡協定》編製的，是目前國際通用的專利文獻分類和檢索工具。國際專利分類 IPC（International Patent Classification），於 1975 年 10 月 7 日起生效，由世界智慧財產權組織 WIPO（World Intellectual Property Organization）管理。

依照 IPC 國際專利分類，所有的應用領域可分為 A～H 八大項，分別為：

① A：人類生活需要
② B：作業、運輸
③ C：化學；冶金；組合化學
④ D：紡織；造紙
⑤ E：固定建築物
⑥ F：機械工程；照明；供熱；武器；爆破
⑦ G：物理
⑧ H：電學

以下仍然以手機為例，來做專利分類技法的創意思考：

分類	內容	手機相關或可開發的專利聯想
A	人類生活需要	1. 農業：手機可以傳遞即時天氣概況、蔬果肉類即時行情、內建農藥與肥料使用須知與資料庫、農藥檢測……。 2. 個人：個性化與人性化手機，可以永久典藏。 3. 家庭用品：手機可以當作短距離免付費對講機來使用，方便與家人聯絡。 4. 保健：手機可以內建低週波電子按摩器，來按摩穴道舒解壓力。 5. 娛樂：除了內建遊戲軟體之外，可以當做遙控器來遙控電動玩具。
B	作業、運輸	1. 分離：手機可以內建壓電超音波霧化器，利用超音波振盪的原理來分離香水顆粒形成霧化現象。 2. 混合：手機可以內建壓電超音波霧化器以及多組香水，利用微流道加工技術與電路控制來混合不同的香水並且透過超音波振盪原理將香水霧化。 3. 成型：黃金或白金手機可以粉末冶金的方式來鑄造成型。 4. 印刷：手機內建的壓電超音波霧化器可以透過印刷方式，形成一個具 N 倍致動力的層狀壓電結構。 5. 交通運輸：手機可以內建捷運、公車、火車、飛機、高速公路收費站等交通運輸通行的晶片，只要消費者持手機經過射頻掃瞄即可暢通無阻。 6. 微型結構技術：手機可以利用微型結構技術製造出微型感測器、致動器與換能器，讓手機具有照相、攝影、錄音與播放等功能。 7. 超微技術：手機可以利用超微技術，讓手機影像的解析度與傳遞速度可以大幅的提升。
C	化學、冶金、組合化學	1. 化學：手機可以利用有機高分子製造成可撓曲之螢幕，透過這種化學技術可以讓螢幕面積加大且可以自由收放。 2. 冶金：手機可以利用冶金技術製作鈦合金外殼或鋁鎂合金外殼。 3. 電泳：手機可以利用電泳技術製作光學變焦系統，讓照相手機的像素可以大幅提升。
D	紡織、造紙	1. 紡織：手機殼可以植入紡紗材質讓觸感更好，而手機套亦可利用絲織品來編織具有品牌品味的花紋或條紋來。 2. 造紙：紙製環保手機適合出國旅遊用，對於臨時通訊極為方便，當通話額度使用完畢之後可以隨時回收，配合低價通訊策略可以免除昂貴的國際漫遊通話費。

分類	內容	手機相關或可開發的專利聯想
E	固定建築物	1. 固定建築物：手機可以當作辦公或住宅大樓的通行證，可以用來開啟保險箱或當鑰匙來使用。 2. 鑽進：手機可以加上非破壞檢測系統用來探測地表深度或牆壁厚度，藉此來輔助鑽進工程之施工。 3. 採礦：手機可以加上金屬探測器用來探測地底金屬，以方便採礦工人進行採礦。
F	機械工程、照明、供熱、武器、爆破	1. 發動機（泵）：手機可以微型伺服馬達或壓電馬達可以當高放大倍數的照相機與攝影機來用。 2. 一般工程：手機內藏超音波振盪器可以用來霧化香水，讓原本單純的通訊功能變得更浪漫。 3. 照明：手機裝上高亮度省電發光二極體非常適合在黑暗的場所中來使用，例如電影院、地下停車場等。 4. 加熱：手機內置放安全燃油裝置可以當作懷爐來使用。 5. 武器：手機內設非金屬彈道系統是恐怖份子與情報人員經常使用的手段。 6. 爆破：手機如果內設炸藥或火藥偵測系統，可以達到即時嚇阻恐怖行動之功效。
G	物理	1. 儀器：手機除了當作通訊工具來使用之外，亦可用來當作量測壓力、溫度、溼度、甜度、亮度、頻率、分貝等儀器之用。 2. 核子學：手機除了當作通訊工具來使用之外，亦可用來當作量測核子輻射與紫外線強度等儀器之用。
H	電學	1. 基本電氣元件：手機之基本電氣元件可以透過微機電系統工程、奈米工程製造技術或壓電系統工程技術，讓手機具有高倍數的照相與攝影功能。 2. 電力之發電、變電或配電：手機可以透過壓電陶瓷材料之機電換能方式來協助發電或變電，也可以透過電磁線圈之匹配與機構設計來達到搖動發電之目的。 3. 基本之電子電路：利用螺旋雙層式壓電致動器放置在手機螢幕後面，可以當作喇叭來使用；如此可以取代傳統式喇叭，讓手機螢幕的尺寸可以加寬加大。 4. 電氣通訊技術：手機內部表面聲波發射器與接收器的頻寬，可以透過奈米級的曝光顯影技術來加寬。

二、設計專利申請與寫作須知

資料來源：中華民國經濟部智慧財產局

◉（一）應備文件：

申請設計專利，應備具申請規費、申請書 1 份、說明書與圖式一式 2 份及相關證明文件。

◉（二）申請書：

① 申請人應簽名或蓋章，如有委任代理人者，得僅由代理人簽名或蓋章。申請人指定送達代收人者，申請人仍應簽名或蓋章。

② 本表請使用正體中文填寫，不得使用簡體字或日、韓文漢字，並以墨色打字或印刷為之。中文字以新細明體 14 號字；英文字以 Times New Roman 14 號字為之。申請人或設計人之姓名或名稱為簡體字或日、韓漢字，如翻譯為正體字確有困難者，基於尊重當事人姓名或名稱表示方式，可以使用簡體字或日、韓漢字。惟說明書仍應使用正體中文撰寫，不得使用簡體字或日、韓漢字。

③ 本表中方格□填表人自行選用，若有方格□所述內容，請於方格□內為標記。

④ 本表 ※ 部分，填表人不必填寫；如已有申請案號者請填寫。另請於「設計種類」一欄，依所申請之設計種類勾選，如申請物品之整體設計者，應勾選「整體」；申請物品之部分設計者，應勾選「部分」；申請應用於物品之電腦圖像及圖形化使用者介面設計者，應勾選「圖像」；申請成組物品設計者，應勾選「成組」。

⑤ 設計名稱，應明確指定所施予之物品，使其與申請專利之設計的實質內容一致，且不得冠以無關文字，例如：「何物品」、「何物品之何組件」、「何物品之部分」、「何物品之圖像」、「何物品之圖形化使用者介面」或「一組之何物品」等，有英文者，請一併填寫。

⑥ 申請人應填寫姓名或名稱、ID、住居所或營業所、國籍；如為法人、機關、學校者，並應填寫代表人姓名。

ID 欄，申請人

(1) 如為本國自然人者，填寫其國民身分證統一編號。

(2) 如為本國公司、財團法人、機關、學校者，填寫其統一編號（扣繳編號）。

(3) 如爲外國人者，由本局統一編給識別碼。

⑦ 有多位申請人時，請自行編號依序填寫，如未委任代理人或指定送達代收人，請指定其中一人爲應受送達人，如未指定者，以第一順序申請人爲應受送達人。

⑧ 申請人（設計人）之外文姓名或名稱以英文書寫爲限，並請以大寫爲之。自然人之英文姓名應以姓在前，名在後之方式書寫。

⑨ 設計人應是自然人，如爲多數時，請自行編號依序填寫。

⑩ 本案有委任代理人者，請填寫代理人姓名等資料，並簽名或蓋章。證書字號欄位，請代理人就所具備專利代理資格填寫，例如專利師證書字號、專利代理人證書字號或律師證書字號。有多位代理人時，請自行編號依序填寫（不得超過3 人）。本案如有指定送達代收人者，得以本欄依實際情事修改填寫。

⑪ 申請人主張優惠期者，請於聲明事項方格□內爲標記，並載明事實發生日期，且應檢附證明文件。申請人有多次本項聲明之事實者，應於申請時敘明各次事實。但各次事實有密不可分之關係者，得僅敘明最早發生之事實。

⑫ 申請人主張優先權者，請於聲明事項方格□內爲標記。依專利法第 142 條第 1項準用第 28 條第 1 項主張優先權，應載明在互惠國或世界貿易組織會員第一次依法申請專利之申請日及受理申請之國家或地區，且應檢附證明文件（如有申請案號，請一併填寫）。

⑬ 申請人如同時檢附中文說明書及圖式者，請載明說明書及圖式之頁數及合計頁數；圖式之圖數。

⑭ 申請專利以外文本先行提出者，請於「六、外文本種類及頁數」一欄依所提出之外文語文種類勾選，並載明外文說明書及圖式之頁數。

⑮ 申請人應按實際附送書件，於方格□內爲正確標記。

◉ （三）設計專利之說明書及圖式：

① 設計專利之說明書應使用正體中文撰寫，不得使用簡體字或日、韓文漢字，並以墨色打字或印刷爲之。版面設定爲 A4 直式，長度爲 29.7cm、寬度爲 21cm。撰寫以新細明體 14 號字體、直式橫書、由左至右爲之，每頁應於四邊各保留 2 公分之空白，並自第 1 頁起依序編碼。

② 本表 ※ 部分，填表人不必填寫。

③ 說明書得於各段落前，以置於中括號內之連續 4 位數之阿拉伯數字編號依序排列，如【0001】、【0002】、【0003】…等，以明確識別每一段落。(本局提供下載之說明書空白書表已預設段落編號格式，每段落繕打完畢後，按一次「Enter」鍵，即可自動換段並產生下一個段落編號；如按「Shift」＋「Enter」，僅可換行，不會自動產生下一個段落編號。

④ 申請人使用 WORD 2003-2007 版者，如依前述操作方式不能自動產生段落編號時，請先於說明書段落編號【0001】後按滑鼠右鍵選擇「編號」→「定義新的編號格式」→編號樣式選擇「01,02,03…」，編號格式輸入【0001】，再按確定，即可自動產生段落編號至【0099】。

⑤ 說明書，應載明設計名稱、物品用途及設計說明。但物品用途或設計說明已於設計名稱或圖式表達清楚，得不記載。

⑥ 設計名稱，請參照申請書之說明。說明書務請記載設計名稱。

⑦ 物品用途，用以載明設計所施予物品之使用、功能等敘述。

⑧ 設計說明，用以載明設計之形狀、花紋、色彩或其結合等敘述。如有下列情事之一時，應敘明之：(1) 圖式揭露內容包含不主張設計之部分；(2) 應用於物品之電腦圖像及圖形化使用者介面設計有連續動態變化者，應敘明變化順序；(3) 各圖間因相同或對稱或其他事由而省略者。另有下列情事之一時，必要時得簡要敘明之：(1) 設計如有因材料特性、機能調整或使用狀態之變化，而使設計之外觀產生變化者；(2) 有輔助圖或參考圖者；(3) 以成組物品設計申請專利者，其各構成物品之名稱。

⑨ 圖式，應備具足夠之視圖 (得為立體圖、前視圖、後視圖、左側視圖、右側視圖、俯視圖、仰視圖、平面圖、單元圖或其他輔助圖)，以充分揭露所主張設計之外觀。設計為立體者，應包含立體圖；設計為連續平面者，應包含單元圖。

⑩ 圖式，應參照工程製圖方法，以墨線圖、電腦繪圖或以照片呈現，於各圖縮小至三分之二時，仍得清晰分辨圖式中各項細節；設計有主張色彩者，應呈現其色彩；圖式中主張設計之部分與不主張設計之部分，應以可明確區隔之表示方式呈現。

⑪ 圖式，應於圖式下方應標示各圖名稱，並指定一立體圖或最能代表該設計之圖為代表圖，並單獨置於圖式第 1 頁。

◉ （四）相關證明文件：

① 有委任代理人者，應檢附委任書 1 份。

② 有主張優惠期者，應檢附優惠期證明文件 1 份。

③ 依專利法第 142 條第 1 項準用第 28 條第 1 項主張優先權者，應於最早之優先權日後 10 個月內檢附優先權證明文件正本 1 份。

7-7 奔馳法（SCAMPER）

　　奔馳法（SCAMPER）係由七個創意思考方法所構成（圖 7-6），奔馳（SCAMPER）之意是由各方法的第一個英文字母所組合而成的。奔馳法係以專利發明爲導向，該方法與發明專利技法結合在一起可以讓創意思考更爲緊密與具體，以下是以手機爲例來演練奔馳法。

一、取代（Substitute）

手機有哪些製作方法、功能、形狀、構造、裝置、花紋或色彩是可以被取代的？

答：

① 製作方法可以被取代：不可放大與縮小的玻璃螢幕製作方法可以被收放自如的塑膠螢幕取代。

② 功能可以被取代：觸控功能可以被聲控功能取代。

③ 形狀可以被取代：長方形或幾何形狀可以被擬態形狀所取代。

④ 構造可以被取代：卡合式構造可以被抽取式構造所取代。

⑤ 裝置可以被取代：化學電池裝置可以被燃料電池裝置所取代。

⑥ 花紋可以被取代：平面式花紋可以被立體式花紋所取代。

⑦ 色彩可以被取代：單一色彩可以被多樣化色彩所取代。

二、結合（Combine）

手機有哪些製作方法、功能、形狀、構造、裝置、花紋或色彩是可以被結合的？

答：

① 製作方法可以被結合：香水噴霧機、通訊卡（易付卡）、金融卡、信用卡與通行卡晶片的製作方法可以被結合。

② 功能可以被結合：噴香水、通訊、提款（轉帳）、刷卡與通行的功能可以被結合。

③ 形狀可以被結合：照相機、攝影機與手機的形狀可以被結合。

④ 構造可以被結合：手飾、手錶與手機的構造可以被結合。

⑤ 裝置可以被結合：照相、攝影、放映與通訊裝置可以被結合。

⑥ 花紋可以被結合：平面花紋與立體花紋可以被結合。

⑦ 色彩可以被結合：單一色彩與多樣化色彩可以被結合。

三、調整（Adapt）

手機有哪些製作方法、功能、形狀、構造、裝置、花紋或色彩是可以被調整的？

答：

① 製作方法可以被調整：手機晶片的半導體製程可以被調整爲微機電系統（MEMS）製程。

② 功能可以被調整：手機晶片的通訊功能可以被調整爲人性化多合一功能。

③ 形狀可以被調整：手機的形狀可以被調整爲可調式。

④ 構造可以被調整：手機的外露式天線構造可以被調整爲隱藏式。

⑤ 裝置可以被調整：手機的按鍵式輸入裝置可以被調整爲大螢幕觸控式裝置。

⑥ 花紋可以被調整：手機的花紋可以被調整爲變色龍式。

⑦ 色彩可以被調整：手機的色彩可以被調整爲感溫式。

四、修改（Modify）

手機有哪些製作方法、功能、形狀、構造、裝置、花紋或色彩是可以被修改的？

答：

① 製作方法可以被修改：手機電池的化學製程可以被修改爲奈米製程。

② 功能可以被修改：手機的內定功能可以被修改爲智慧型與人性化功能。

③ 形狀可以被修改：手機的形狀可以被修改爲如積木般可以隨意組合。

④ 構造可以被修改：手機的形狀可以被修改爲如積木般的可以隨意組合。

⑤ 裝置可以被修改：手機的通話裝置可以被修改爲可伸縮式。

⑥ 花紋可以被修改：手機的花紋可以被修改爲隱藏式。

⑦ 色彩可以被修改：手機的色彩可以被修改爲可調式，可以隨環境或情境改變顏色。

五、利用（Putting Use）

手機可以利用哪些製作方法、功能、形狀、構造、裝置、花紋或色彩？

答：

① 製作方法可以被利用：可以將燃燒式電池的製程技術利用在手機上，當手機沒有電力時只要充塡瓦斯或安全燃油卽可。

② 功能可以被利用：可以將視窗軟體的功能利用在手機上。

③ 形狀可以被利用：可以將動物、植物、礦物與天然的形狀利用在手機上。

④ 構造可以被利用：可以將玩具類構造利用在手機上。

⑤ 裝置可以被利用：可以將偵測毒物裝置利用在手機上。

⑥ 花紋可以被利用：可以將動物、植物、礦物與天然的花紋利用在手機上。

⑦ 色彩可以被利用：可以將動物、植物、礦物與天然的色彩利用在手機上。

創意發明的思考方式

7

8

199

六、排除（Eliminate）

手機有哪些製作方法、功能、形狀、構造、裝置、花紋或色彩是可以被排除的？

答：

① 製作方法可以被排除：手機上不常用的零組件及其製作方法可以被排除。

② 功能可以被排除：手機上不常用的功能可以被排除。

③ 形狀可以被排除：手機常用的形狀可以被排除。

④ 構造可以被排除：手機上容易故障的構造可以被排除。

⑤ 裝置可以被排除：手機內容易故障的裝置可以被排除。

⑥ 花紋可以被排除：手機上容易引起負面情緒或思考的花紋可以被排除。

⑦ 色彩可以被排除：手機上容易引起負面情緒或思考的色彩可以被排除。

七、重置（Rearrange）

手機有哪些製作方法、功能、形狀、構造、裝置、花紋或色彩是可以被重置的？

答：

① 製作方法可以被重置：手機晶片的製程技術上可以被重置。

② 功能可以被重置：手機內常用與不常用的功能可以被重置。

③ 形狀可以被重置：前衛型手機與古典型手機的形狀可以被重置。

④ 構造可以被重置：手機的螢幕構造可以被重置。

⑤ 裝置可以被重置：手機的通話裝置可以被重置。

⑥ 花紋可以被重置：手機的人工花紋與天然花紋可以被重置。

⑦ 色彩可以被重置：手機的人工色彩與天然色彩可以被重置。

7-8 國際發明展概況

① 台灣創新技術博覽會（tie，原台北國際發明展）概況

　　每年大約在 9 月底至 10 月初之間舉辦，為期 3 天，舉辦地點在台北市世貿一館。對於擁有絕佳的專利發明作品的個人或團隊，它是一個非常具有挑戰性的競賽與競技場所。一個攤位最多可展示 3 項專利發明作品，一個團體或學校最多只能承租 6 個攤位。雖然台北國際發明的報名費最低，但是專利發明作品卻非常有水準以及非常有看頭；尤其是在競賽中獲獎的作品，各個都是專利發明創作中的精品。台北國際發明展的報名日期從當年的 4 月中下旬開始至 6 月底為止（通常是額滿即止）。無論個人或團隊有無參與國際發明展之經驗，台北國際發明展是一個非常值得參與競賽以及磨練個人專利發明技術的競技場。

② 德國紐倫堡國際發明展（iENA）概況

　　每年大約在 10 月底至 11 月初之間舉辦，為期 4 天，舉辦地點在德國紐倫堡市國際展覽中心第 12 館。德國是發明的強國，是參與國際發明展的首選。德國第一屆國際發明展在 1945 年舉辦，那是第二次世界大戰德國剛戰敗的年代。他（她）們可以在剛戰敗的年代就舉辦國際型的活動，實在不容易；最特別的是，他（她）們特別選在納粹黨被國際大審判的舉辦地點「紐倫堡市」舉辦第一屆國際發明展。一個對於民族主義或納粹主義過於狂熱而導致戰敗的國家，竟然可以在戰敗之後，馬上在紐倫堡市舉辦國際型的發明展，我們不得不佩服他（她）們的反省能力與療傷的能力，以及異於常人的創意思考能力與創造力。另外；根據筆者於 2008 年～2010 年連續三年參與德國紐倫堡國際發明展的經驗分享，每年都可以看到最小年齡從小學生到最老的八九十歲的發明家都有，他（她）們所舉辦的國際發明展幾乎已成為全民運動；已經變成生活中的一部分並形成了特有的發明文化。雖然參賽費用高達新台幣 20 萬元（包括團費與報名費）以上，但是發明家們如果有參與國際發明展的機會，建議應該將德國紐倫堡國際發明展列為首選。再者，筆者強力推薦參與德國紐倫堡國際發明展的原因，就是在比賽過程中可以慢慢的領略與細膩的品味德國的發明風氣、文化、美麗的風景以及宏偉的建築之美；如果行程安排妥善，還可以順道參觀他（她）們的建築藝術、裝置藝術或汽車工藝博物館等。當然，別忘了有機會可以盡情的品嘗與享受當地的黑啤酒（兒童不宜）與著名的德國豬腳。返國前，也別忘了在當地購買幾支「雙人牌」菜刀、剪刀或指甲刀以及幾罐萬用「百

創意發明的思考方式

7

8

靈油」。最後值得一提的是，德國紐倫堡國際發明展的第 3、4 天，會將第 12 館的各國發明作品一起與其他 11 個展覽館的商品開放給一般德國民衆以及國際買家或貿易商參觀與採購；另外，還有精彩的馬術表演與競賽，非常值得一看！

③ 瑞士日內瓦國際發明展（GIEI）概況

每年大約在 4 月中下旬舉辦，爲期 5 天，舉辦地點在日內瓦市萊芒湖西岸的 Palexpo。瑞士日內瓦國際發明展創辦於 1973 年，由瑞士聯邦政府、日內瓦州政府、日內瓦市政府及世界智慧財產權組織等單位聯合舉辦，每年參與競賽的發明家至少超過 700 人以上，專利發明作品數量高達 1000 件，而參觀的民衆多達 6 萬人以上，是號稱規模最大的發明展。

④ 美國匹茲堡國際發明展（INPEX）概況

美國匹茲堡國際發明展又稱爲發明與新產品博覽會（The Invention & New Product Exposition），每年大約在 6 月中旬舉辦，爲期 4 天，舉辦地點在美國匹茲堡門羅維爾會議展中心。美國匹茲堡、瑞士日內瓦與德國紐倫堡國際發明展被發明界號稱爲三大國際發明展。

⑤ 法國巴黎國際發明展（Concours Lepine）概況

每年大約在 4 月下旬至 5 月上旬舉辦，爲期 12 天，舉辦地點在法國巴黎市凡爾賽展覽館第 7 館。法國巴黎國際發明展由巴黎前警察局長 Mr.Louis Lepine 創立於 1901 年，初期以鼓勵法國中小企業從事創新、發明、設計與改良產品，目前是歐洲三大發明展與商品展之一。另外最值得一提的是，參與法國巴黎國際發明展的發明作品可以在現場販賣，這是所有國際發明展中唯一可以直接在競賽與展覽會場上販賣發明作品的發明展，對發明人而言深具鼓勵意義以及挑戰性。對於已經將發明專利商品化之發明人，應該多多參與該發明展以測試發明專利商品的銷售魅力或吸引力。

⑥ 莫斯科阿基米德（CITS）國際發明展概況

每年大約在 4 月初舉辦，爲期 4 天，舉辦地點在 Sokolniki 展覽場第 4 展覽館。莫斯科阿基米德國際發明展創立於 1997 年，係 1991 年蘇聯解體之後的 6 年後創立的國際發明展。其創立的動機可想而知，與德國及其他的國家創立的動機一致。如果各位發明人想要瞭解這個神祕的國度，可以透過發明展的機會來接觸。

⑦ 馬來西亞（ITEX）國際發明展概況

每年大約在 5 月上旬舉辦，爲期 3 天，舉辦地點在吉隆坡會展中心。馬來西

亞是亞洲經濟崛起最快的國家，這與他（她）們鼓勵百姓創新與積極參與國際發明展賽事有關。我們經常可以在世界各國所舉辦的國際發明展看到他（她）們的身影，而且他（她）們幾乎是舉全國家之力，全程參與每一場國際發明展，他（她）們的發明戰鬥力超強，而且發明作品與商品也相當耀眼，是一個可敬的對手。

⑧ 烏克蘭國際發明展概況

每年大約在 9 月下旬或 10 月上旬舉辦，為期 3 天，舉辦地點在賽瓦斯托波爾市。烏克蘭國際發明展為東歐重要的發明展也是一個新興的國際發明展，剛創立於 2004 年。該國的發明人也經常出現在其他國家的國際發明展場上，而且非常活躍。

⑨ 波蘭華沙國際發明展概況

每年大約在 10 中旬舉辦，為期 3 天，舉辦地點在波蘭華沙科技大學。波蘭華沙國際發明展是一個新興的國際發明展，其創立於 2006 年，它也是波蘭唯一官方所舉辦的發明展，由波蘭總統授權，波蘭專利局、高等教育部，以及波蘭發明總會等共同舉辦，同時也是屬於 IFIA 國際發明聯盟總會公告之國際發明展。展覽地點波蘭華沙同時也是鋼琴詩人蕭邦的出生地，其中蕭邦博物館就位在 Krakowskie Przedmieście 大道附近，各位發明人可以藉由參展的機會順道參觀蕭邦博物館以及波蘭華沙的美麗建築。

⑩ 克羅埃西亞（INOVA）國際發明展概況

每年大約在 11 月上旬舉辦，為期 4 天，舉辦地點在 Osnovna škola Grabrik。克羅埃西亞國際發明展歷史相當悠久，其創立於 1971 年。它所舉辦之發明展常常吸引了鄰近國家的發明人（如斯洛維尼亞共和國、塞爾維亞、波士尼亞與赫塞哥維那等），也吸引了美國，英國，俄國，台灣，韓國，馬來西亞，西班牙，伊朗和羅馬尼亞等傑出發明與貿易夥伴來參與此一盛會。

⑪ 韓國首爾國際發明展概況

每年大約在 11 月下旬或 12 月上旬舉辦，為期 4 天，舉辦地點在首爾世貿展覽館。雖然韓國首爾國際發明展是一個新興的國際發明展，其創立於 2004 年，但是他（她）們發明的件數與爆發力卻不能被忽視，是鄰近台灣最強勁的發明對手。

表 7-1 各國發明展概況。

序號	國際發明展名稱	展覽日期	展覽地點	台灣組團單位
1	莫斯科阿基米德國際發明展	4 月上旬	Sokolniki 展覽場第 4 展覽館	中華創新發明學會
2	瑞士日內瓦國際發明展	4 月上旬	日內瓦市萊芒湖西岸的 Palexpo	台灣發明協會
3	巴黎國際發明展	4 月下旬 ~5 月上旬	巴黎市凡爾賽展覽館第 7 館	中華民國流行顏色協會
4	馬來西亞 ITEX 國際發明展	5 月中上旬	在吉隆坡會展中心	台灣發明商品促進協會
5	美國匹茲堡國際發明展	6 月中旬	匹茲堡門羅維爾會議展中心	台灣發明協會
6	澳門 MIIE 國際發明展	7 月上旬	威尼斯人國際展覽中心	世界發明智慧財產聯盟總會
7	日本東京創新天才發明展	7 月上旬	東京新宿展覽館	中華創新發明學會
8	烏克蘭國際發明展	9 月下旬	賽瓦斯托波爾市	中華創新發明學會
9	波蘭華沙國際發明展	10 月中旬	波蘭華沙科技大學	中華創新發明學會
10	德國紐倫堡國際發明展	10 月下旬 ~11 月上旬	紐倫堡市國際展覽中心第 12 館	德國紐倫堡國際發明展台灣團
11	克羅埃西亞 INOVA 國際發明展	11 月中旬	Osnovna škola Grabrik	台灣發明智慧財產協會
12	韓國首爾國際發明展	11 月下旬	韓國首爾世貿展覽館	台灣發明協會
13	香港創新科技國際發明展	12 月上旬	香港會議展覽中心（灣仔）	中華創新發明學會

7-9 歷屆國際發明展得獎作品簡介

① 2016 年第 41 屆克羅埃西亞國際發明展金牌獎作品簡介：

專利名稱：噴槍筆 / The Spray Pen
創作人：周卓明、何吉鵬、劉惠榮、曾煜翔、鄧瑋翔、林弘鈞、莊凱傑、林宸右
證書號碼：M523586
公告日期：中華民國 105 年 03 月 23 日

摘要

一種具有體積小、不占空間、利於隨身攜帶與容易操控等功效之噴槍筆（圖 7-6）。該噴槍筆由一筆頭、一筆身、一驅動電路板、一電池座、一電池與一底座所構成（圖 7-7）。其特徵在於：該筆頭、筆身與底部在相互套接之後呈一線性體，大幅減少體積，利於擺置與攜帶。

【備註】本作品同時榮獲 2016 高雄 KIDE 國際發明暨設計展銀牌獎。

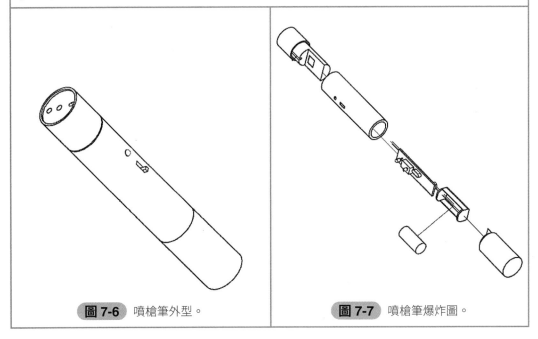

圖 7-6 噴槍筆外型。　　　　圖 7-7 噴槍筆爆炸圖。

創意發明的思考方式

7

8

② **2010 德國紐倫堡國際發明展銅牌獎作品簡介：**

專利名稱：振動式容納裝置 / The Vibration Type Contain Device
創作人：周卓明、郭信良、林聞信、嚴聖傑
證書號碼：M385297
公告日期：中華民國 99 年 08 月 01 日

摘要

一種振動式容納裝置（圖 7-8），其係由頂蓋、頸圈、身部、振動元件與底座所組成（圖 7-9）；其特色在於：該頂蓋可鎖置在頸圈之前端，而該頸圈後端可套置在身部之前端上，而身部可容納振動元件，且該身部之後端可緊置在底座上；本創作實施時，只要讓振動式容納裝置保持傾斜或倒立，即可輕巧的與優雅的讓調味料或香料顆粒振動抖落而出。其中，本創作頂蓋上之封蓋可設計成具陰陽調和之東方味造型（如日或星星的造型——代表陽，月亮的造型——代表陰），藉此來增進用餐時之品味與樂趣。再者是，本創作之封蓋在使用時可以藉由振動自動將口洞封住，以避免使用過量或過多之調味料或香料。至於本創作之重要性係在於其具有結構簡單、組裝便捷、符合人因工程以及操作容易等之優點或功效，因此非常適合運用於一般家庭或餐廳之餐桌上，藉此來提升生活品味以及營造生活樂趣與情趣。另外是，本創作相較於習用裝置之相對缺點，亦具有明顯之進步性。再者是，本創作之組成與操作方式已達預期之功效，最後是其整體設計也符合專利產品藝術化，藝術（專利）產品生活化之市場需求。

【備註】本作品已授權廠商量產。

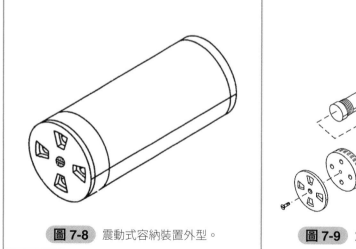

圖 7-8 震動式容納裝置外型。

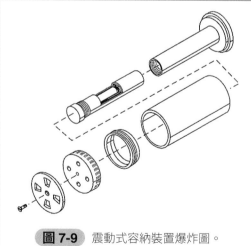

圖 7-9 震動式容納裝置爆炸圖。

③ **2012 台北國際發明展金牌獎作品簡介：**

專利名稱：承接裝置 (五) / A Catch Device(V)
創作人：周卓明
證書號碼：M365063
公告日期：中華民國 99 年 12 月 11 日

摘要

一種結構簡單、組裝便捷、操作容易、收合便利、不占空間、利於攜行以及方便承接寵物犬隻排泄物之承接裝置者（圖 7-10），該承接裝置係由桿體、承接元件、蓋體、螺絲、螺帽與墊片所組成，其特徵在於：該承接元件可以透過蓋體、螺絲、螺帽與墊片等構件緊置於桿體之前端，其中該承接元件可以收合緊貼於桿體上以利於攜行（圖 7-11）。

【備註】2012 台北國際發明展作品名稱：黃金捕手。該作品係 2009 台北國際發明展銀牌獎與 2009 德國紐倫堡國際發明展金牌獎的系列作品。

創意發明的思考方式

7

8

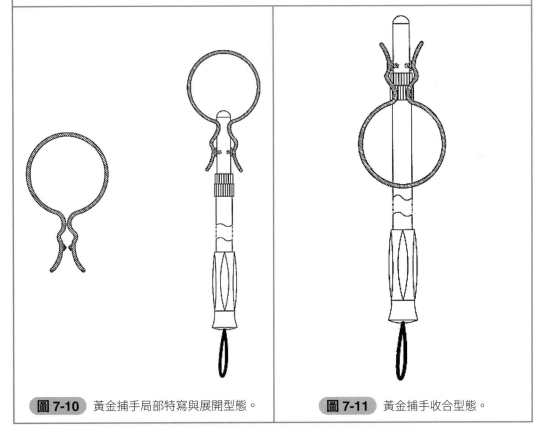

圖 7-10 黃金捕手局部特寫與展開型態。　**圖 7-11** 黃金捕手收合型態。

④ 2012 台北國際發明展銀牌獎作品簡介：

專利名稱：板擦清潔器 / An Eraser Cleaner
創作人：葉其璋、葉怡佑、周卓明
證書號碼：M433964
公告日期：中華民國 101 年 07 月 01 日

摘要

一種板擦清潔器，係包含有一本體，係具有一容置空間，該容置空間之底部漸縮而形成一窄化之連接口（圖 7-12）；一蓋體，係連結該本體，並相對蓋合於該承板之透孔上；一板擦清潔單元，係設置於該本體之容置空間；一驅動單元，連接該板擦清潔單元，用以驅動該板擦清潔單元；一收集容器，連接於該連接口，該收集容器係設有一接合該連接口之連接端；藉由該驅動單元驅動該板擦清潔單元，並使該板擦清潔單元對一板擦進行清潔拍打，並將板擦內的粉塵落入收集容器內收集（圖 7-13）。

【備註】本作品同時榮獲 2012 泰國國際青少年 IEYI 發明展金牌獎。

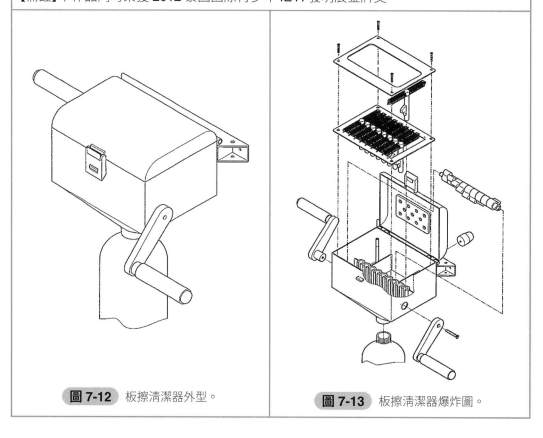

圖 7-12 板擦清潔器外型。　　　　**圖 7-13** 板擦清潔器爆炸圖。

⑤ 2013 台北國際發明展銀牌獎作品簡介：

專利名稱：按壓式容納裝置 / A Press Type Contain Device
創作人：周卓明、陳致穎、林英志、戴于舜
證書號碼：M457492
公告日期：中華民國 102 年 07 月 21 日

摘要

一種按壓式容納裝置，其係由一上蓋、一筒身、一筒座、一往復式致動器、一底蓋與螺絲組所組成（圖 7-14），其特徵在於：該往復式致動器其頂端連接上蓋，其底端連接底蓋並可透過螺絲組鎖固以及容置在筒身與筒座之內；當按壓上蓋時，該往復式致動器會帶動上蓋上升或下降到定位（圖 7-15）；其中該按壓式容納裝置可以收納筷子、刀、叉、牙籤、牙線棒、吸管、鉛筆或原子筆等不同形狀或長短不一之棒狀物。

【備註】本作品同時榮獲 2013 澳門國際發明展銀牌獎。

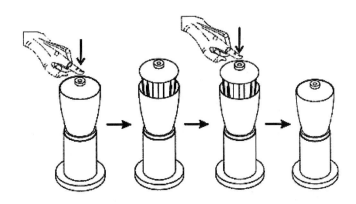

圖 7-14 按壓式容納裝置操作圖。

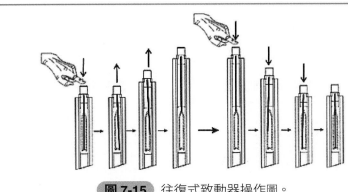

圖 7-15 往復式致動器操作圖。

創意發明的思考方式

7

8

209

⑥ 2013 法國國際發明展銅牌獎作品簡介：

專利名稱：靠枕 / A Pillow
創作人：曾貝莉、陳文齡、施松村、周卓明
證書號碼：M429437
公告日期：中華民國 101 年 05 月 21 日

摘要

一種具有結構簡單、製造容易、組裝便捷、操作容易、符合人體工學、極具舒適感與兼具矯正座姿等功效之靠枕者（圖 7-16）；該靠枕係由一支撐架（1）與一枕頭組（2）所組成；其特徵在於：該支撐架係為一體成型具彈性之材質者；該支撐架設有一頭部、一身部與一底部（圖 7-17）；而該枕頭組則設有一枕頭體與一基板；組裝時，只要將枕頭組黏貼於支撐架上即可使用；操作時，只要將支撐架之底部卡制住辦公桌之邊緣即可；使用者於午休或短暫休憩時，只要將額頭貼靠在枕頭組上即可支撐上半身之重量；又使用者於閱讀或操作電腦時，只要將下巴抵靠在枕頭組上即可減輕上半身之重量。

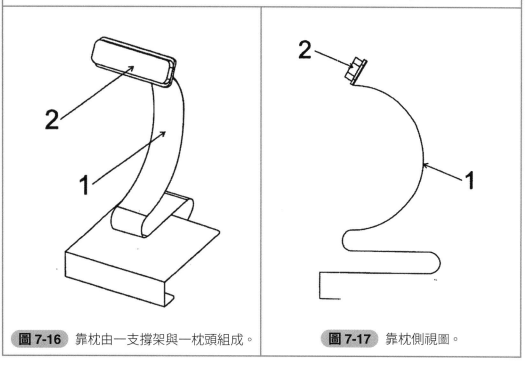

圖 7-16 靠枕由一支撐架與一枕頭組成。　　　**圖 7-17** 靠枕側視圖。

⑦ **2013 第十六屆莫斯科俄羅斯阿基米德國際發明展銀牌獎作品簡介：**

專利名稱：行動輪椅 / An Action Wheelchair
創作人：周卓明、蘇明福、嚴聖傑、林聞信、黃治尹、何丞、楊益綸、黃宥傑
證書號碼：M422959
公告日期：中華民國 101 年 02 月 21 日

摘要

一種行動輪椅，尤指一種方便看護、擴大移動與社交距離以及具有結構簡單、組裝便捷與操作容易等功效之行動輪椅（圖 7-18）；其係由一輪椅、一聯結機構與一驅動機構所構成（圖 7-19）；其特徵在於：該聯結機構可以分別固設在輪椅與驅動機構上，形成一種可以供看護者騎乘與搭載行動不便者之行動輪椅。

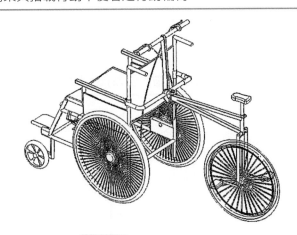

圖 7-18 行動輪椅外型。

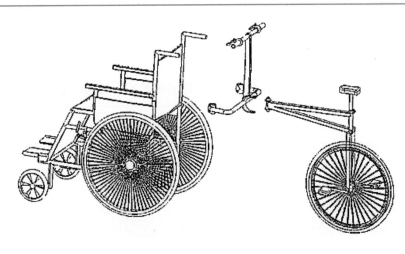

圖 7-19 行動輪椅分解圖。

⑧ **2014 年台北國際發明展生活用品類銀牌獎作品簡介：**

專利名稱：牙籤罐 / A Toothpick Can
創作人：周卓明、林英志、陳致穎、戴于舜
證書號碼：M474428
公告日期：中華民國 103 年 03 月 21 日

摘要

一種牙籤罐（圖 7-20），特別是可以利用一隻手指頭即可完成開啟或關閉上蓋（圖 7-21），拿取物品之牙籤罐，其係由一上蓋、一導筒、一筒身、一往復致動器所組成（圖 7-22）；其特徵在於：往復致動器頂端連接上蓋、底端鎖固於筒身底部；操作時只需按壓上蓋，該往復致動器會帶動上蓋與導筒上升或下降至定位；該牙籤罐可以收納牙籤、牙線棒、吸管、線材等不同長度形狀之物品。

【備註】本作品同時榮獲 2014 日本東京創新天才發明展銅牌獎、2014 第 25 屆馬來西亞 ITEX 國際發明展金牌獎、2014 第 13 屆馬來西亞 MTE 國際發明展大會特別獎與銅牌獎。

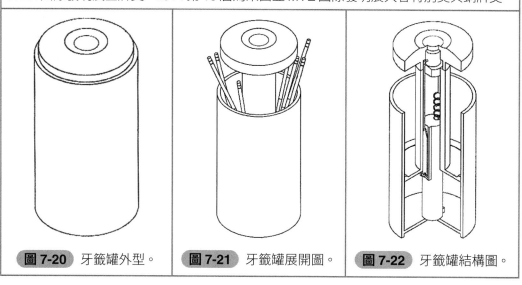

圖 7-20 牙籤罐外型。　　**圖 7-21** 牙籤罐展開圖。　　**圖 7-22** 牙籤罐結構圖。

⑨ 2016 高雄 KIDE 國際發明暨設計展銀牌獎作品簡介：

專利名稱：立體印表機 / Three Dimension Printer
創作人：方加翔、周卓明、曾子軒、李懿宏、陳育翔、何吉鵬、劉惠榮、曾煜翔、蔡承邑、 　　　　張育齊、馬理威
證書號碼：M532368
公告日期：中華民國 105 年 03 月 30 日

摘要

一種結構簡單、製作成本低、堅固耐用、組裝與維修容易、耗材便宜且更換容易、列印快速、低噪音、解析度高與列印尺寸大之立體印表機（圖 7-23），該立體印表機係由一水平輸送機構、一垂直輸送機構、一物件承接機構、一主機、一線材供應機構與一框架所組成（圖 7-24）；其特徵在於：該水平輸送機構可以做平面運動，其固接在框架之上緣內；而該垂直輸送機構可以做垂直運動，且其穿過物件承接機構並設置在框架一側之中間位置處；該主機設置在框架下緣一側之角落處；至於該線材供應機構則設立在框架下緣另一側之角落處。

【備註】本作品同時榮獲 2016 年台北國際發明展銅牌獎 &2016 年第 3 屆高雄國際發明暨設計展銀牌獎。

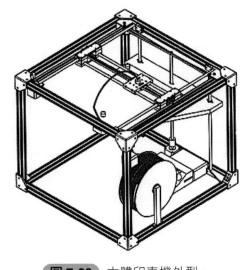

圖 7-23 立體印表機外型。

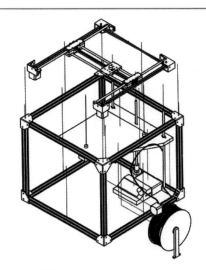

圖 7-24 立體印表機結構圖。

⑩ **2016 年第 41 屆克羅埃西亞國際發明展銀牌獎作品簡介：**

專利名稱：直推式容納裝置 / The Contain Device of Direct Push
創作人：周卓明、何吉鵬、曾子軒、李懿宏、方加翔、劉惠榮、陳育翔、曾煜翔、黃琦鈞、許泰臨、林宸右、蔡振毓
證書號碼：M526550
公告日期：中華民國 105 年 05 月 11 日

摘要

一種直推式容納裝置（圖 7-25），其主要係由一圓板、一導管、一致動組、一固接元件、一連接管、一容納箱體、一蓋體與一背板所組成（圖 7-26）。而其改良之處在於：該圓板上端可連接一導管，而該圓板背部中央處可連接一致動組，而該圓板背部上方設有一導桿，該致動組與導桿可分別穿透固接元件之中央與上方位置處；其中該致動組之後端可銜接連接管之前端，而該固接元件可固設在容納箱體之正下方處；再者該連接管之垂直端可連接該容納箱體之下方後端處；該蓋體可蓋合該容納箱體之上方；其中該容納箱體之後方上下端處可嵌入於背板；該背板可黏貼或鎖固在牆壁上。該直推式容納裝置於操作時，只要用握緊拳頭直推圓板，即可讓容納箱體內之清潔液從導管中流入拳窩之中（圖 7-27）。

【備註】本作品同時榮獲 2016 高雄 KIDE 國際發明暨設計展銀牌獎。

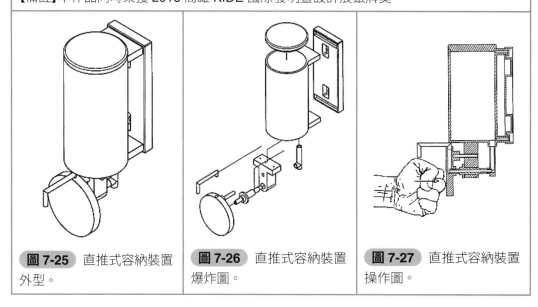

圖 7-25 直推式容納裝置外型。

圖 7-26 直推式容納裝置爆炸圖。

圖 7-27 直推式容納裝置操作圖。

⑪ 2016 高雄 KIDE 國際發明暨設計展銅牌獎作品簡介：

專利名稱：塑膠袋吊掛架 / The Hanger of Plastic Bag
創作人：周卓明、許元懿、葉玲蒨、謝曉蝶
證書號碼：M528142
公告日期：中華民國 105 年 05 月 18 日

摘要

一種結構簡單與方便吊掛之塑膠袋吊掛架，其係由一固接板（1）與一彈性線材（2）所組成（圖 7-28）；其特徵在於：該固接板設有一左圓錐柱體、一右圓錐柱體、二左穿孔與二右穿孔；其中該左圓錐柱體設有一左盲孔；該右圓錐柱體設有一右盲孔；該左盲孔與右盲孔可供彈性線材穿入固接之用；再者，該彈性線材設有第一左直道、第一右直道、第一左彎道、第一右彎道、第二左彎道、第二右彎道、第二左直道、第二右直道、第三左彎道、第三右彎道、第四左彎道、第四右彎道與一橫道；其中該彈性線材之第一左直道與第一右直道之前端可以分別穿入固定於固接板之左圓錐柱體之左盲孔與右圓錐柱體之右盲孔內。操作時，對於具有掛耳之塑膠袋，只要將塑膠袋之掛耳分別跨過第二左彎道、第二右彎道、第二左直道、第二右直道、第四左彎道、第四右彎道，並掛置於第一左彎道、第一右彎道、第三左彎道與第三右彎道即可。至於，一般無掛耳之塑膠袋，只要將塑膠袋兩端分別跨置於第二左彎道與第二右彎道上撐開即可。

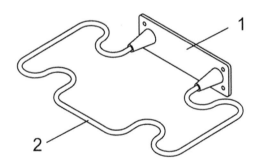

圖 7-28 塑膠袋吊掛架結構圖。

⑫ **2016 高雄 KIDE 國際發明暨設計展銅牌獎作品簡介：**

專利名稱：抽取式衛生紙置放架 / The Holder of Removable Toilet Paper
創作人：周卓明、許元懿、葉玲蒨、謝曉蝶
證書號碼：M528144
公告日期：中華民國 105 年 05 月 18 日

摘要

一種抽取式衛生紙置放架，其係由一固接板（1）與一彈性線材（2）所組成（圖7-29）；其特徵在於：該固接板設有一左圓錐柱體、一右圓錐柱體、二左穿孔與二右穿孔；其中該左圓錐柱體設有一左盲孔；該右圓錐柱體設有一右盲孔；該左盲孔與右盲孔可供彈性線材穿入固接之用；再者，該彈性線材設有一左垂直彎道、右垂直彎道與一水平彎道；其中該彈性線材兩端可以穿入固定於固接板之左圓錐柱體之左盲孔與右圓錐柱體之右盲孔內。當使用該抽取式衛生紙置放架時，只要將抽取式衛生紙包從左垂直彎道或右垂直彎道穿入置放於適當位置處，並經由水平彎道內側抽出衛生紙。由於左垂直彎道、右垂直彎道與水平彎道分別夾住抽取式衛生紙包，所以在抽取衛生紙時特別順暢，且不會讓抽取式衛生紙包整包被抽離出置放架之外，讓使用者可以張張抽離都順暢。

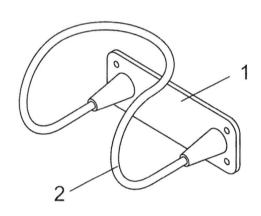

圖 7-29 抽取式衛生紙置放架結構圖。

⑬ 2017 法國國際發明展銅牌獎作品簡介：

專利名稱：隱藏式承接裝置 / The Concealed Receiving Device
創作人：周卓明、許泰臨、謝曉蝶、黃琦鈞、林宸右、葉玲蒨、蔡振毓、蔡承邑、朱礎鈺、 馬理威
證書號碼：M535948
公告日期：中華民國 105 年 11 月 01 日

摘要

一種具有結構簡單、組裝便捷、收納便利、操作容易、不占空間、利於攜行、收藏、運送或展示、製造成本低以及方便承接寵物犬隻排泄物等功效之隱藏式承接裝置者（圖7-30），該隱藏式承接裝置係由承接元件、軸套、拘束元件與桿體所組成（圖 7-31、7-32），其特徵在於：該承接元件可穿過軸套被拘束元件所拘束並可收納或隱藏於桿體之內。

【備註】本作品同時榮獲 2017 馬來西亞 ITEX 國際發明展銅牌獎 &2017 年莫斯科俄羅斯阿基米德國際發明展暨發明競賽銅牌。

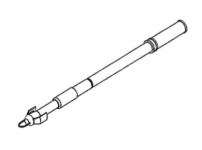

圖 7-30　隱藏式承接裝置收納圖。

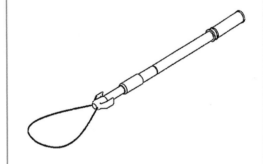

圖 7-31　隱藏式承接裝置展開圖。

圖 7-32　隱藏式承接裝置操作圖。

創意發明的思考方式

7

8

⑭ **2010 德國紐倫堡國際發明展銅牌獎作品簡介：**

專利名稱：霧化器 (一) / Atomizer(I)
創作人：周卓明、黃銘源、陳一中、江佩珍、陳昀庭、黃靖雅、嚴聖傑、林聞信
證書號碼：M380165
公告日期：中華民國 99 年 05 月 11 日

摘要

本創作係爲一種霧化器，其係由防護蓋、盛盤、導電元件、承座與霧化元件所組成（圖 7-33、7-34）；其特徵在於：該防護蓋可蓋置在盛盤上，該承座可連接於盛盤底部，而該導電元件與霧化元件則可以緊置在盛盤上；使用時，只要給予霧化元件適當的驅動電壓與共振頻率，即可讓盛盤之香水或液體霧化，而該霧化之香水或液體可穿過防護蓋噴出。

【備註】本作品的霧化元件是一件極具獨特性的超音波振盪虹吸元件，可以吸附液體上升並予以霧化。

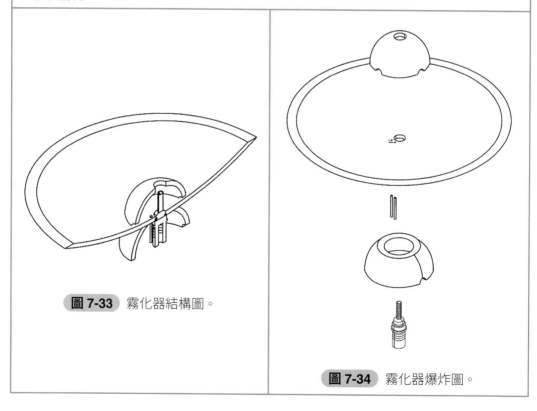

圖 7-33 霧化器結構圖。

圖 7-34 霧化器爆炸圖。

7-10 評鑑方式

① 敏覺力的評量：就發明的創意思考策略中，針對其在圖像上的表現與視覺效果部分予以評分。

② 流暢力的評量：就發明的創意思考策略中，針對其敘述是否流暢通順予以評分。

③ 變通力的評量：就發明的創意思考策略中，針對其敘述是否具有變通性予以評分。

④ 精密力的評量：就發明的創意思考策略中，針對其敘述是否具體完整予以評分。

⑤ 獨創力的評量：就發明的創意思考策略中，針對其敘述是否具有獨到的見解或與眾不同予以評分。

⑥ 表達力的評量：個人或團隊報告時就其表達能力部分予以評分。

⑦ 合作性的評量：就團隊實施發明的創意思考訓練過程中的合作性予以評分。

綜合演練

一、是非題（每題 10 分，共計 10 題，100 分。）

1. （　）發明的動機通常來自於不同的需求，如生理、心理、愛與被愛、尊重與被尊重或自我理想實現的需求

2. （　）好的發明通常具有可長可久且使用者眾的特質。

3. （　）「憤怒鳥」玩具或遊戲算是一種好的發明。

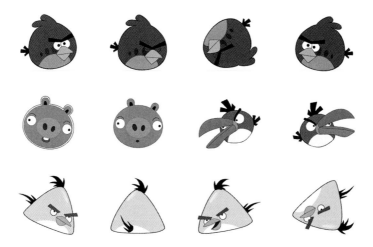

4. （　）「呼拉圈」算是一種好的發明。

5. （　）「刮鬍刀」算是一種好的發明。

6. （　）「手機」算是一種好的發明，所以尺寸越大越好。

7. （　）好的發明不一定要申請專利。

8. （　）具有技術性的加工方法最好申請發明專利。

9. （　）專利的分類共有 7 類。

10.（　）台灣現行的專利可分為發明專利、新型專利與新式樣專利。

二、練習題

請由下列指定題目中擇一，利用需求技法、人因工程檢核技術、專利標的技法、專利分類技法或奔馳法的創意思考策略所產生出來的創意點子或具體方案呈現在海報紙上，並且上台輪流報告。

1. 「玩具」。
2. 「音響」。
3. 「健身器材」。
4. 「個人電腦」。
5. 「筆記型電腦」。
6. 「腳踏車」。
7. 「機車」。
8. 「汽車」。
9. 「家具」。
10. 「家電」。

評分表 創意發明的思考方式評分表範例。

學號	1120101	姓名	周易			受測日期			20XX0101
項次	訓練項目	創造力評分							小計
		敏覺	流暢	變通	獨創	精密	表達	合作	
1	需求技法	2	3	3	3	2	3	3	19
2	人因工程檢核技術	4	4	2	4	3	4	3	24
3	專利標的技法	3	4	2	4	2	4	3	22
4	專利分類技法	4	3	3	3	4	3	3	23
5	奔馳法	3	4	3	4	3	4	3	24
分項創造力得分		16	18	13	18	14	18	15	112
分項創造力權值		3.2	3.6	2.6	3.6	2.8	3.6	3	3.2
分項創造力等第		甲等	甲等	乙等	甲等	乙等	甲等	乙等	甲等
創造力總權值	3.2								
創造力總等第	甲等								

※ 等第區分：

1. 優等：該項目平均或總平均為 4.1（含）以上者。

2. 甲等：該項目平均或總平均為 3.1~4.0 者。

3. 乙等：該項目平均或總平均為 2.1~3.0 者。

4. 丙等：該項目平均或總平均為 1.1~2.0 者。

5. 丁等：該項目平均或總平均為 1.0（含）以下者。

※ 權值：2.5× 實際得分／全班平均得分。

第 **8** 章

創意競賽

🎯 **訓練目標：**

　　熟悉各項創意競賽與遊戲規則，並從競賽中培養出觀察力、敏覺力、流暢力、變通力、精密力、獨創力、想像力、創意實作能力、團隊合作能力、抗壓性、口語表達能力、外語表達能力、商品設計能力與國際觀等。

🔥 **訓練內容：**

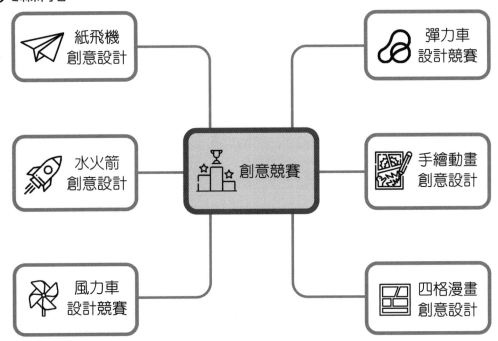

🏆 創意競賽

- 紙飛機創意設計
- 彈力車設計競賽
- 水火箭創意設計
- 手繪動畫創意設計
- 風力車設計競賽
- 四格漫畫創意設計

📋 **輔助設備與教材：**

1. 創意思考訓練教室、一般教室或戶外。
2. 各項創意競賽所需之器材。
3. 碼表一只（教師自備）。
4. 評分表。

8-1 創意設計競賽的目的

　　無論是紙飛機、水火箭、風力車、彈力車，或是手繪漫畫等創意設計競賽，其舉辦目的不外乎是希望透過競賽方式來激發人的創意思考能力與創造力。並且透過競賽的方式，讓大眾或學生來了解基礎科學的基本原理。

　　以紙飛機創意設計競賽為例，在國外是屬於長壽型與大眾型的創意競賽項目，由於政府與民間單位的大力提倡，使得該類型的競賽活動壽命相當悠久。由於紙飛機人人玩得起，只要一張色紙或 A4 紙就可以摺出千變萬化的飛機來。另外值得一提的是，世界上最頂尖與先進飛機的創意構思幾乎都是來自於紙飛機的設計。無論是用途殊異或是功能取向的運輸機、戰鬥機或客機設計，可以先從紙飛機的模型製造開始。至於飛機的飛行速度、翻轉能力、迴轉能力、滑翔能力或滯空能力等參數都可以透過紙飛機的實際飛行操練得知。由於紙飛機的製作成本非常低廉，又可以從遊戲競賽中得到樂趣與創作靈感，因此非常受到國外各界的重視。

　　至於水火箭創意設計競賽活動，在日本則是一種全民運動項目，相信這與日本發展衛星火箭與太空飛機有極大的關係。發明專利創意設計競賽，在國內外也進行有年，一般都是透過發明展的機會評比成績或將比賽得獎作品做展示，其比賽資格較為嚴格，大都是已取得專利的作品才能參賽。當然國內也有類似的比賽，不過專利概念較為薄弱。一般創意實作的作品並不符合專利申請要件，意即大部分參賽的作品已在專利公報出現過，並不具新穎性，這也是國內智慧財產權教育不足的地方。

　　風力車與彈力車也有類似的模型概念，能夠藉由其動力的傳動與整體架構的設計，思考車輛設計的靈感。至於手繪動畫或是四格漫畫創意設計競賽，一般是由老師在課程中導入類似的概念，引導學生發揮創意思考。

　　上述的創意設計競賽由於素材簡單、容易製作，且具教育性、娛樂性與趣味性，所以非常適合班際、社團、校際、社區或全國性舉辦的一種全民運動。

 **8-2** 創意設計競賽的重要性

◉ 可以激發社群的創造力

根據歷年來舉辦創意競賽的經驗顯示，社群或參賽者最容易從創意競賽中激發出創造力與創意思考能力。從社團、校際、社區與全國創意競賽中，可以明顯看出參賽者在觀察力（敏覺力）、流暢力、變通力、獨創力與精密力等創造力的具體表現。

◉ 可以激發想像力與增加實作能力

透過競賽活動的舉辦與進行，可以有效的激發參賽者的想像力以及增加創意實作的能力。

◉ 可以彰顯基礎科學與應用科學的重要性

創意實作競賽，需要有豐富的基礎科學與應用科學知識作後盾。團隊或個人在比賽過程中，一旦遇到創作瓶頸或難題時，便會顯得基礎科學與應用科學的認知不足。如此，不但可以彰顯基礎科學與應用科學的重要性與必要性之外，更能激發團隊或個人的學習動機以及提升解決問題的能力。

◉ 可以增進人際關係

競賽活動不僅僅是組隊來參賽即可完事，凡是從團隊的組成、報名、行程住宿安排、經費籌措、創意構思、實地製作與現場操作等過程，人與人的接觸與互動相當的頻繁。一個團隊為了讓比賽作品順利達成目標，需要無數次的溝通與協調以及任務或工作的規劃、執行與檢驗等繁瑣的程序，這對團隊或個人來說，是一次增進人際互動的大好機會。

◉ 有助於「創造力教育」之推廣

教育部與國科會近年來對於「創造力教育」極力的推廣，其實施對象不局限於在校學生，也包括了一般社會大眾。因此，希望藉由競賽活動的機會，將「創造力教育」的政策與目標，讓學生與一般社會大眾能夠更深入的了解。

8-3 創意遊戲競賽

一、紙飛機創意設計競賽

① **比賽項目**

(1) 擲遠競賽：擲出後飛行最遠者。

(2) 擲準競賽：擲出後飛行最準者。

(3) 擲久競賽：擲出後飛行最久者。

(4) 摺紙飛機競賽：在最短時間內完成最多不同造型紙飛機者。

(5) 創意造型競賽：以外觀最具創意而且能夠飛行超過 5 公尺以上者，即可參加評選。

② **比賽規則**

(1) 競賽器材由主辦方提供。

(2) 紙飛機製作過程中不可裁切，也不得附加其他零組件。

(3) 每人三次投擲機會，取最佳成績者。

(4) 紙飛機投擲時不得越區，如有越區計投擲一次論。

(5) 紙飛機投擲計分後自行收回，否則視同棄權。

③ **紙飛機創意設計競賽場地**

(1) 擲遠競賽場地（圖 8-1）。

(2) 擲準競賽場地（圖 8-2）。

(3) 擲久競賽場地（圖 8-3）。

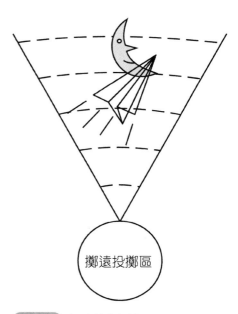

擲遠投擲區

圖 8-1 擲遠競賽場地示意圖。

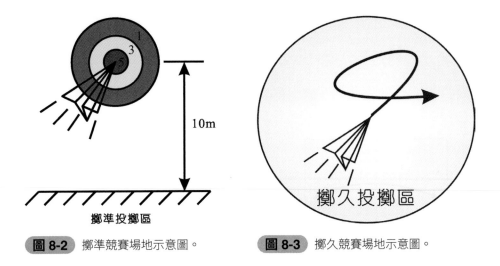

<table>
<tr><td>**圖 8-2**　擲準競賽場地示意圖。</td><td>**圖 8-3**　擲久競賽場地示意圖。</td></tr>
</table>

④ 紙飛機設計範例（圖 8-4 ～ 8-6）

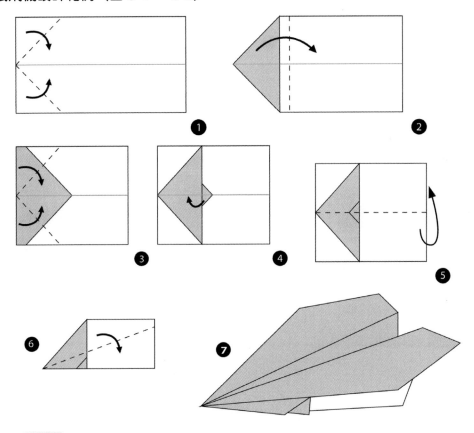

圖 8-4　紙飛機設計範例Ⅰ。

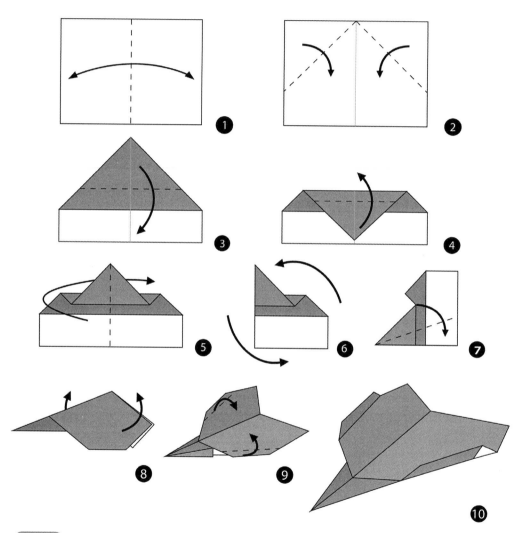

圖 8-5 紙飛機設計範例 II。

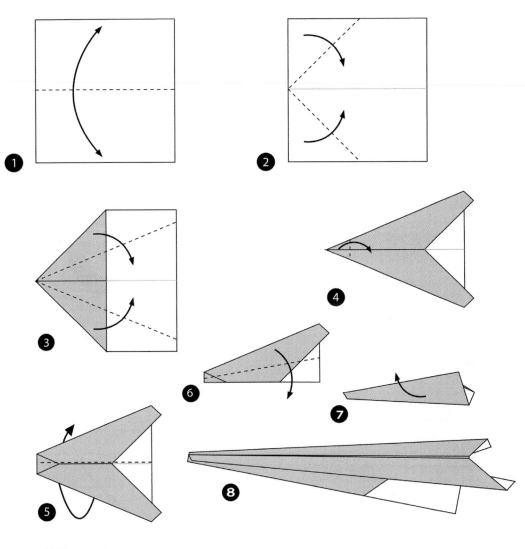

圖 8-6 紙飛機設計範例III。

二、水火箭創意設計競賽

① 比賽項目

(1) 射遠競賽：發射後飛行最遠者。

(2) 射準競賽：發射後飛行最準者。

(3) 射久競賽：發射後飛行最久者。

(4) 創意造型競賽：以外觀最具創意而且能夠飛行超過 50 公尺以上者，即可參加評選。

② 比賽規則

(1) 競賽器材全部由主辦方提供。

(2) 射遠、射準與射久競賽為標準型水火箭。

(3) 創意造型競賽不限制水火箭造型。

(4) 每人三次發射機會，取最佳成績者。

(5) 水火箭不得越區發射，如有越區計發射一次論。

(6) 水火箭發射計分後自行收回，否則視同棄權。

③ 水火箭創意設計競賽場地

(1) 射遠競賽場地（如圖 8-7）。

(2) 射準競賽場地（如圖 8-8）。

(3) 射久競賽場地（如圖 8-9）。

④ 水火箭製作所需材料

兩支寶特瓶（黑松汽水或蘋果西打專用寶特瓶）、剪刀、膠帶、雙面膠、三片水火箭專用平衡翼或塑膠板製成的平衡翼、兩截塑膠水管、泡棉式火箭頭或硬紙板製成的火箭頭、水火箭專用噴嘴、發射架與自動發射裝置等。、

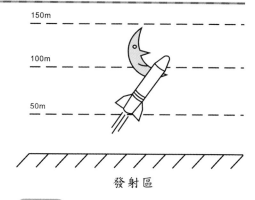

圖 8-7 射遠競賽場地示意圖。

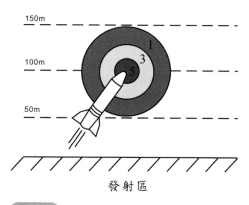

圖 8-8 射準競賽場地示意圖。

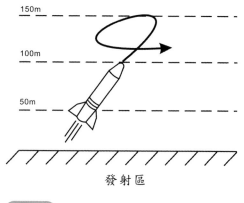

圖 8-9 射久競賽場地示意圖。

⑤ 水火箭製作程序

(1) 選兩支空寶特瓶（A&B），如圖 8-10。

(2) 將其中一支寶特瓶（B）按照圖示切成四分，保留頸部（D）與身部（E）的部分，將頭部（C）與尾部（F）部分捨去。

(3) 將寶特瓶（B）頸部（D）與身部（E）分別套置在寶特瓶（A）上，並且用膠帶（H）繞圈緊固，另外將寶特瓶（A）的瓶蓋換成水火箭專用噴嘴（G）。將泡棉式火箭頭或硬紙板製成的火箭頭（I）套入寶特瓶（A）的頭部，並準備好兩截塑膠水管（J）以及火箭平衡翼或塑膠板（K）。

(4) 三片水火箭專用平衡翼或塑膠板製成的平衡翼以 120°平均配置在寶特瓶（A）的底部，並且用雙面膠黏固；最後將兩截塑膠水管平均綁在水火箭身部適當位置即大功告成。

三、風力車設計競賽

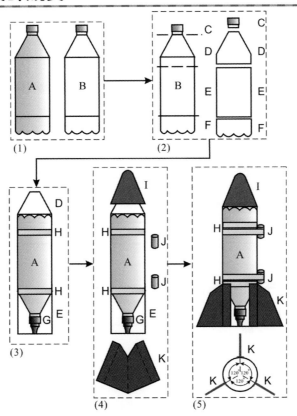

圖 8-10 水火箭製作流程圖。

① **比賽項目**

(1) 距離競賽：行進距離最遠者獲勝。

(2) 速度競賽：最先抵達終點者獲勝。

② **比賽規則**

(1) 競賽器材全部由主辦方提供。

(2) 風力車結構必須包括一車身與四個輪子，車身和輪子的結構與材質不限，可由提供材料中自由搭配。

(3) 每人三次行進機會，取最佳成績者。

(4) 風力車不得越區出發，如有越區計行進一次論。

(5) 風力車行進計分後自行收回，否則視同棄權。

③ **競賽場地**

　　風力車是以風作為動力前進，在競賽場地的選擇上，為避免外在風力干擾，應選擇在室內較佳，風力來源則為固定的一架電扇。賽道須平整光滑無異物，以確保競賽的公平性。

　　可在設定好的起點位置用膠帶標示出起跑線，若舉辦的是速度競賽，則須再設置終點線，距離競賽則不用，但須確保賽道的長度夠長（圖 8-11）。

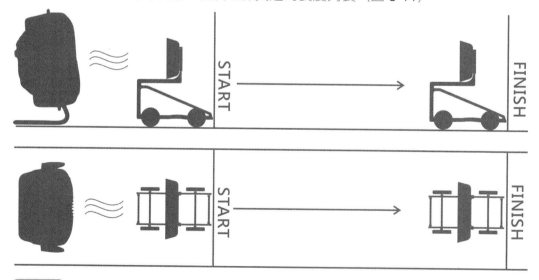

圖 8-11 風力車速度競賽場地示意圖。

④ 風力車範例（圖 8-12 ～ 8-14）

圖 8-12　風力車範例立體圖。

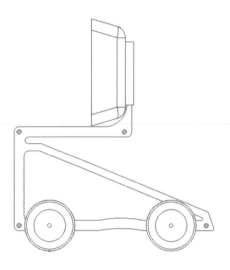

圖 8-13　風力車範例側視圖。

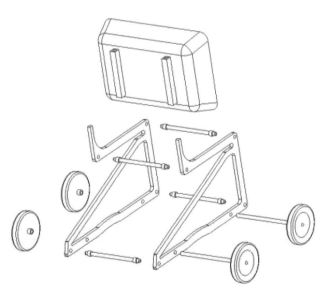

圖 8-14　風力車範例爆炸圖。

四、彈力車設計競賽

① 比賽項目

(1) 距離競賽：行進距離最遠者獲勝。

(2) 速度競賽：最先抵達終點者獲勝。

② 比賽規則

(1) 競賽器材全部由主辦方提供。

(2) 彈力車結構必須包括一車身、四個輪子與一條以上之橡皮筋，車身和輪子的結構與材質不限，可由提供材料中自由搭配。

(3) 每人三次行進機會，取最佳成績者。

(4) 彈力車不得越區出發，如有越區計行進一次論。

(5) 彈力車行進計分後自行收回，否則視同棄權。

③ 競賽場地

　　彈力車是以橡皮筋作為動力前進，在競賽場地的選擇上，為避免外在風力干擾，應選擇在室內較佳。賽道須平整光滑無異物，以確保競賽的公平性。

　　可在設定好的起點位置用膠帶標示出起跑線，若舉辦的是速度競賽，則須再設置終點線，距離競賽則不用，但須確保賽道的長度夠長（圖 8-15）。

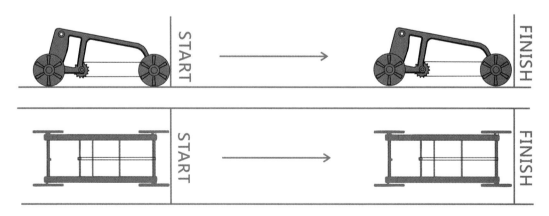

圖 8-15 彈力車速度競賽場地示意圖。

④ **彈力車範例**（圖 8-16 ～ 8-18）

圖 8-16 彈力車範例立體圖。

圖 8-17 彈力車範例側視圖。

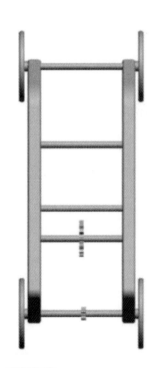

圖 8-18 彈力車範例俯視圖。

五、手繪動畫創意設計競賽

① **比賽項目**

(1) 蛋的狂想曲：以蛋為主題在 30 分鐘內完成 24 張連續圖像來。

(2) 狗的狂想曲：以狗為主題在 30 分鐘內完成 24 張連續圖像來。

(3) 豬的狂想曲：以豬為主題在 30 分鐘內完成 24 張連續圖像來。

(4) 未來的狂想曲：以未來為主題在 30 分鐘內完成 24 張連續圖像來。

(5) 手機的狂想曲：以手機為主題在 30 分鐘內完成 24 張連續圖像來。

(6) 筆記型電腦的狂想曲：以筆記型電腦為主題在 30 分鐘內完成 24 張連續圖像來。

(7) 液晶電視的狂想曲：以液晶電視為主題在 30 分鐘內完成 24 張連續圖像來。

② **比賽規則**

(1) 競賽器材全部由大會提供。

(2) 不得使用鉛筆做最後定稿。

③ **評分標準**

(1) 圖像的視覺效果：占 20%。

(2) 圖像的流暢力：占 20%。

(3) 圖像的變通力：占 20%。

(4) 圖像的獨創力：占 20%。

(5) 圖像的精密力：占 20%。

④ 手繪動畫創意設計競賽範例──「蛋的狂想曲」

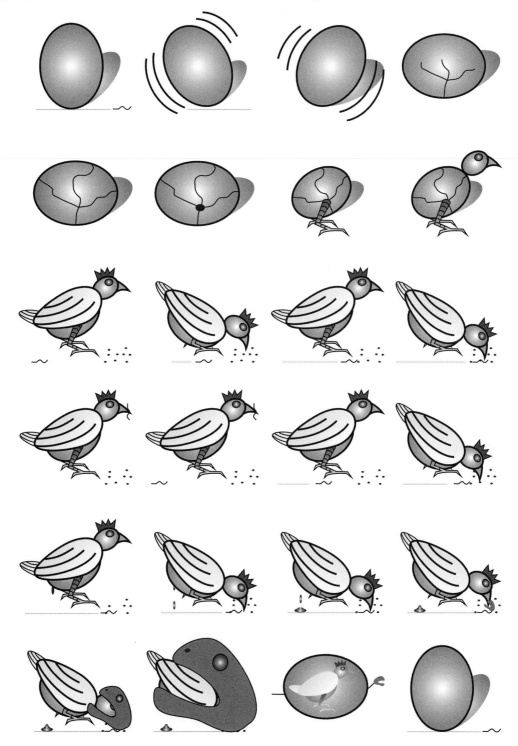

237

六、四格漫畫創意設計競賽

① **比賽項目**

(1) 蛋的狂想曲：以蛋爲主題在 30 分鐘內完成四格漫畫來。

(2) 狗的狂想曲：以狗爲主題在 30 分鐘內完成四格漫畫來。

(3) 豬的狂想曲：以豬爲主題在 30 分鐘內完成四格漫畫來。

(4) 未來的狂想曲：以未來爲主題在 30 分鐘內完成四格漫畫來。

(5) 手機的狂想曲：以手機爲主題在 30 分鐘內完成四格漫畫來。

(6) 筆記型電腦的狂想曲：以筆記型電腦爲主題在 30 分鐘內完成四格漫畫來。

(7) 液晶電視的狂想曲：以液晶電視爲主題在 30 分鐘內完成四格漫畫來。

② **比賽規則**

(1) 競賽器材全部由大會提供。

(2) 每組以 15 張 A4 紙爲限。

③ **評分標準**

(1) 圖像的視覺效果：占 20%。

(2) 圖像的流暢力：占 20%。

(3) 圖像的變通力：占 20%。

(4) 圖像的獨創力：占 20%。

(5) 圖像的精密力：占 20%。

④ **四格漫畫創意設計競賽範例**

(1) 未來狂想曲——稻田變矽田

(2) 未來狂想曲——黑水溝傳奇

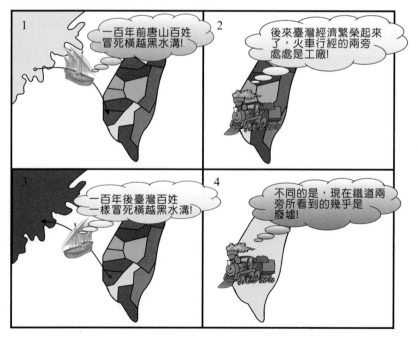

綜合演練

一、是非題（每題 10 分，共計 10 題，100 分。）

1. （　）創意競賽最能啓發人的創造力。

2. （　）一般風力車創意競賽可分為主動式與被動式。

3. （　）本章所述之風力車創意競賽是屬於主動式。

4. （　）一般彈力車創意競賽可分為主動式與被動式。

5. （　）本章所述之彈力車創意競賽是屬於主動式。

6. （　）本章所述之彈力車其主要動力來源是彈簧。

7. （　）本章所述之紙飛機創意競賽其製成的紙飛機係由多張紙張所製成。

8. （　）本章所述之水火箭創意競賽其主要動力來源是壓縮空氣。

9. （　）手繪動畫創意競賽的重點在於繪製 24 張獨立的圖像。

10.（　）四格漫畫創意設計競賽的四格圖像彼此須具有關聯性。

參考資料

[1-1] 全球專利檢索系統 (https://gpss4.tipo.gov.tw/)。

[1-2] 維基百科 (https://zh.wikipedia.org/zh-tw/)。

[1-3] Yahoo 新聞 (https://tw.news.yahoo.com/)。

[1-4] 數位時代 (https://www.bnext.com.tw/)。

[1-5] Yahoo 奇摩股市 (https://tw.stock.yahoo.com/)。

[2-1] 陳龍安，「啟發孩子的創造力」，台北，心理出版社 (1992)。

[2-2] 陳龍安，「創造思考教學」，台北，師大書苑 (1997)。

[2-3] 陳龍安、朱湘吉，「創造與生活」，台北，五南出版社 (2000)。

[2-4] 毛連塭、郭有遹、陳龍安，「創造力研究」，台北，心理出版社 (2000)。

[2-5] 孫易新，「心智圖法教學網站」，www.mindmapping.com.tw(2003)。

[3-1] 陳龍安，「啟發孩子的創造力」，台北，心理出版社 (1992)。

[3-2] 陳龍安，「創造思考教學」，台北，師大書苑 (1997)。

[3-3] 陳龍安、朱湘吉，「創造與生活」，台北，五南出版社 (2000)。

[3-4] 毛連塭、郭有遹、陳龍安，「創造力研究」，台北，心理出版社 (2000)。

[3-5] 孫易新，「心智圖法教學網站」，www.mindmapping.com.tw(2003)。

[4-1] 李復甸、鄭中人，「智慧財產權導論」，台北，五南圖書出版公司 (2001)。

[4-2] 大衛‧艾克、艾瑞克‧喬辛斯瑟勒合著、高登第譯，「品牌領導」，台北，天下遠見出版股份有限公司 (2002)。

[4-3] Linda Campbell, Bruce Campbell and Dee Dickinson 著，郭俊賢、陳淑惠譯，「多元智慧的教與學」，台北，遠流出版社 (2000)。

[4-4] David Lazear 著，郭俊賢、陳淑惠譯，「落實多元智慧教學評量」，台北，遠流出版社 (2000)。

[4-5] 陳燦暉，「搶先一步的思考法」，台北，故鄉出版社 (1992)。

[4-6] 陳龍安，「啟發孩子的創造力」，台北，心理出版社 (1992)。

[4-7] 陳龍安，「創造思考教學」，台北，師大書苑 (1997)。

[4-8] 陳龍安、朱湘吉，「創造與生活」，台北，五南出版社 (2000)。

[4-9] 毛連塭、郭有遹、陳龍安、林幸台,「創造力研究」,台北,心理出版社 (2000)。

[4-10] 歐秀明,「應用色彩學」,台北,雄獅圖書公司 (1998)。

[5-1] 國立華南高商應用外語科,「英文作文技巧」,華園英語文摘 http://www.phnvs.cy.edu.tw/eng/0110/page1.htm （2000/10）。

[5-2] Linda Campbell, Bruce Campbell and Dee Dickinson 著,郭俊賢、陳淑惠譯,「多元智慧的教與學」,台北,遠流出版社（2000）。

[5-3] David Lazear 著,郭俊賢、陳淑惠譯,「落實多元智慧教學評量」,台北,遠流出版社（2000）。

[5-4] 陳燦暉,「搶先一步的思考法」,台北,故鄉出版社（1992）。

[5-5] 陳龍安,「啟發孩子的創造力」,台北,心理出版社（1992）。

[5-6] 陳龍安,「創造思考教學」,台北,師大書苑（1997）。

[5-7] 陳龍安、朱湘吉,「創造與生活」,台北,五南出版社（2000）。

[5-8] 毛連塭、郭有遹、陳龍安,「創造力研究」,台北,心理出版社（2000）。

[5-9] 孫易新,「心智圖法教學網站」,www.mindmapping.com.tw（2003）。

[5-10] 教育部國語推行委員會主編,「國語小字典網站」,http://140.111.1.43。

[5-11] 「成語字典網站」,http://w3.lsps.tp.edu.tw/。

[5-12] 「作文教學網站」,http://w3.lsps.tp.edu.tw/。

[6-1] 陳龍安,「啟發孩子的創造力」,台北,心理出版社（1992）。

[6-2] 陳龍安,「創造思考教學」,台北,師大書苑（1997）。

[6-3] 陳龍安、朱湘吉,「創造與生活」,台北,五南出版社（2000）。

[6-4] 毛連塭、郭有遹、陳龍安,「創造力研究」,台北,心理出版社（2000）。

[6-5] 簡上仁,「台灣民謠」,台灣省政府新聞處（http://content.edu.tw/primary/ music/tn_dg/localmusic/flok/default.htm）。

[6-6] 「世界名謠網站」（http://www.folkmusic.com.tw.）。

[7-1] 周卓明、易湘雲,專利寫作,台北,全華科技（2003）。

[7-2] 李開偉,人因工程－基礎與應用,台北,全華科技（1999）。

[7-3] 李開偉,實用人因工程學（精裝本）,台北,全華科技（2003）。

[7-4] 智慧財產局,專利法,台北,http://www.tipo.gov.tw（2004）。

[7-5] 陳龍安,啟發孩子的創造力,台北,心理出版社（1992）。

[7-6] 陳龍安,創造思考教學,台北,師大書苑（1997）。

[7-7] 陳龍安、朱湘吉,創造與生活,台北,五南出版社（2000）。

[7-8] 毛連塭、郭有遹、陳龍安，創造力研究，台北，心理出版社（2000）。

[8-1] 國科會科教處主辦之「全國大學校院學生創意實作競賽」，第一屆主題「安」，由大葉大學承辦。http://www.dyu.edu.tw/ ~creative/。

[8-2] 國科會科教處主辦之「全國大學校院學生創意實作競賽」，第二屆主題「綠」，由明志技術學院承辦。http://www.id.mit.edu.tw/ creat-index.htm。

[8-3] 國科會科教處主辦之「全國大學校院學生創意實作競賽」，第三屆主題「e 點 e 滴 e 創意、簡約生活新主張」，由中原大學承辦。http://cia-contest.cycu.edu.tw。

[8-4] 國科會科教處主辦之「全國大專校院學生創意實作競賽」，第四屆主題「網」，由中國技術學院承辦。http://www.ckitc.edu index.htm。

[8-5] 教育部主辦之「全國大專院校創思設計與製作競賽」，前三屆由雲林科技大學承辦，第四～六屆由南臺科技大學承辦。http://www.moeaipo .gov.tw。

[8-6] 中華民國工業設計協會主辦之「全國創意工業設計競賽」。http://www.cida.org.tw/eng/index2.htm。

[8-7] 中華汽車股份有限公司主辦之「全國創意造型汽車設計競賽」。http://www.china-motor.com.tw/。

[8-8] 經濟部智慧財產局主辦「全國學生創意競賽　創意設計」。http://www.moeaipo.gov.tw。

[8-9] 財團法人自行車研發中心主辦「創新機構設計比賽　機構設計」。http://www.runride.com/。

[8-10] 聯電文教基金會主辦「跨世紀校園創意競賽　創意設計」。http://www.umc.com/chinese/idea。

[8-11] 科技管理學會主辦「創新產品育成獎　產品創新育成」。http://www.cme.org.tw/csmot/。

[8-12] 研華文教基金會主辦「TIC100 創業競賽　創業比賽」。http://www.tic100.org.tw。

[8-13] 財團法人麗偉基金會主辦，國立成功大學工學院機械工程系承辦，「2001 年創意工程競賽」。http://www.me.ncku.edu.tw/ anno_5.php。

[8-14] 行政院國家科學委員會科學教育發展處主辦，國立臺灣師範大學科學教育中心承辦，「2002 年臺北地區國中「紙飛機」科學創意競賽」。http://140.122.147.172 /present/creative/ creative91.htm。

[8-15] 財團法人東元科技文教基金會主辦，中央研究院生物醫學科學研究所承辦，「第五屆東元寶寶科學活動營　光電科學」。http://www.tecofund.org.tw /4-22-2.htm。

[8-16] 財團法人東元科技文教基金會主辦，中央研究院生物醫學科學研究所承辦，「第三屆東元創意少年成長營　生物科技」。http://www.tecofund.org.tw /4-22-2.htm。

[8-17] 中國技術學院，第四屆全國大學校院學生創意實作競賽「網」主辦單位。http://www. ckitc.edu.tw。

[8-18] 第二屆國際紙飛機大賽，美國西雅圖市舉辦（1985）。

[8-19] 香港特別行政區政府知識產權署、香港發明家協會與青少年暑期活動委員會主辦之「廿一世紀你最期待的發明」創新意念有獎比賽。

[8-20] Contact: Kari Bingen, Ashdown 1034, x5-9654, bing20@mit.edu. Sponsor:Aeronautics and Astronautics,"IAP 99 Non-credit Activity: AIAA 14th Annual Paper Airplane Contest", http://web.mit.edu/iap /www /search/IAP-1491. html .

[8-21] Contact: The University of Toronto Institute for Aerospace Studies （UTIAS）. Sponsor : Canadian Aeronautics and Space Institute ,"The 2001 Paper Airplane Contest", http://www.casi.cat.ca/tormeet.htm.

[8-22] Contact: Daniel Guggenheim School of Aerospace Engineering. Sponsor:Sigma Gamma Tau National Honor Society in Aerospace Engineering,"Sigma Gamma Tau ' s 42nd Annual GREAT AMERICAN PAPER AIRPLANE CONTEST", http://www.ae.gatech.edu.

[8-23] Contact: Society of Manufacturing Engineers and Student Chapter S289.Sponsor: the Society of Manufacturing Engineers Chapter 251,"Sigma Gamma Tau ' s 42nd Annual GREAT AMERICAN PAPER AIRPLANE CONTEST", http://mact. cact-sd.org.

[8-24] Contact: Canadian Aeronantics and Space Institute （CASI）Queen ' s Chapter. Sponsor: Micro Age Computers, Tara Natural Foods, Camera Kingston, Olden Green, Send in the Clowns,"Paper Airplane Contest", Alcan. http://engsoc. queensu.ca/casi/index.html.

[8-25] Contact: Inventing Flight/FAA. Sponsor: the Federal Aviation Administration,"Paper Airplane Flying Contest", http://www.inventingflight.com/12132000.htm.

[8-26] Sponsor: The Family Karate Center,"2001 FKC Summer Camp Paper Airplane Contest", http://www.familykaratecenter.com/ airplane2001.html.

[8-27] Sponsor: Paris Chocolates, Inc., maker of the Flyer Candy Bar, "Paper Airplane Contests", http://www.flyerchocolate.com/ paperpln.htm.

[8-28] Sponsor: The Salt Lake Convention Center,"Paper Airplane Contest Wows STC 2001 Conference Attendees", http://www.flyerchocolate.com/paperpln.htm.

[8-29] Sponsor: Idaho PC Users Group,,"The year 2000 Annual IPCUG Picnic and GREAT PAPER AIRPLANE OLYMPICS", http://idahopcug.apcug.org/index.html.

[8-30] Sponsor: ASME,"The Paper Airplane Contest", http://homepages.wwc.edu/clubs/asme/airplane.htm.

[8-31] Sponsor: The Holland Sentinel,"Airplane Contest", http://www.thehollandsentinel.net/stories/050400/new_airplane.html http://www.thehollandsentinel.net/stories/050400/new_airplane.html.

[8-32] Sponsor: Diving System International （DSI） Inc.,"Annual Paper Airplane Contest", http://www.divingsystems.com/notices/ 00news.html.

[8-33] Sponsor: The Kate Gleason College of Engineering,"A paper airplane design and flight contest", http://www.rit.edu.

國家圖書館出版品預行編目 (CIP) 資料

創意思考訓練 : 創新概念 x 策略思考 x 活動演練 打
造創造力的思考訓練課 / 周卓明編著 . -- 七版 . -- 新
北市 : 全華圖書股份有限公司 , 2023.06
　　面 ; 　公分
ISBN 978-626-328-451-7(平裝)
1.CST: 創造性思考
　　　176.4　112006051

創意思考訓練（第七版）

編　　　著 / 周卓明
發 行 人 / 陳本源
執 行 編 輯 / 林昆明
封 面 設 計 / 盧怡瑄
出 版 者 / 全華圖書股份有限公司
郵 政 帳 號 / 0100836-1號
印 刷 者 / 宏懋打字印刷股份有限公司
圖 書 編 號 / 0572506
七　　　版 / 2023年6月
定　　　價 / 新台幣400元
I S B N / 978-626-328-451-7
全 華 圖 書 / www.chwa.com.tw
全華網路書店 Open Tech / www.opentech.com.tw
若您對書籍內容、排版印刷有任何問題，歡迎來信指導book@chwa.com.tw

臺北總公司(北區營業處)
地址：23671 新北市土城區忠義路 21 號
電話：(02)2262-5666
傳真：(02)6637-3695、6637-3696

南區營業處
地址：80769 高雄市三民區應安街 12 號
電話：(07)381-1377
傳真：(07)862-5562

中區營業處
地址：40256 臺中市南區樹義一巷 26 號
電話：(04)2261-8485
傳真：(04)3600-9806(高中職)
　　　(04)3601-8600(大專)

歡迎加入

全華會員

● 會員獨享

會員享購書折扣、紅利積點、生日禮金、不定期優惠活動…等。

● 如何加入會員

掃 QRcode 或填妥讀者回函卡直接傳真 (02) 2262-0900 或寄回，將由專人協助登入會員資料，待收到 E-MAIL 通知後即可成為會員。

如何購買

全華書籍

1. 網路購書

全華網路書店「http://www.opentech.com.tw」，加入會員購書更便利，並享有紅利積點回饋等各式優惠。

2. 實體門市

歡迎至全華門市（新北市土城區忠義路 21 號）或各大書局選購

3. 來電訂購

(1) 訂購專線：(02) 2262-5666 轉 321-324
(2) 傳真專線：(02) 6637-3696
(3) 郵局劃撥（帳號：0100836-1 戶名：全華圖書股份有限公司）
※ 購書未滿 990 元者，酌收運費 80 元。

OpenTech 全華網路書店.com.tw

全華網路書店 www.opentech.com.tw
E-mail: service@chwa.com.tw

※ 本會員制如有變更則以最新修訂制度為準，造成不便請見諒。

評分

學習單

Chapter 1
腦力激盪策略

(總分 100 分，作答時間 10 分鐘。)

班級：＿＿＿＿＿＿

學號：＿＿＿＿＿＿

姓名：＿＿＿＿＿＿

日期：＿＿＿＿＿＿

Q1-1 請在 3 分鐘之內提出「如何提升自己的競爭力？」的創意發想或點子來。

【創意發想或點子】

1. ＿＿＿＿＿＿＿＿＿＿ 2. ＿＿＿＿＿＿＿＿＿＿

3. ＿＿＿＿＿＿＿＿＿＿ 4. ＿＿＿＿＿＿＿＿＿＿

5. ＿＿＿＿＿＿＿＿＿＿ 6. ＿＿＿＿＿＿＿＿＿＿

7. ＿＿＿＿＿＿＿＿＿＿ 8. ＿＿＿＿＿＿＿＿＿＿

9. ＿＿＿＿＿＿＿＿＿＿ 10.＿＿＿＿＿＿＿＿＿＿

11.＿＿＿＿＿＿＿＿＿＿ 12.＿＿＿＿＿＿＿＿＿＿

13.＿＿＿＿＿＿＿＿＿＿ 14.＿＿＿＿＿＿＿＿＿＿

15.＿＿＿＿＿＿＿＿＿＿ 16.＿＿＿＿＿＿＿＿＿＿

17.＿＿＿＿＿＿＿＿＿＿ 18.＿＿＿＿＿＿＿＿＿＿

19.＿＿＿＿＿＿＿＿＿＿ 20.＿＿＿＿＿＿＿＿＿＿

21.＿＿＿＿＿＿＿＿＿＿ 22.＿＿＿＿＿＿＿＿＿＿

23.＿＿＿＿＿＿＿＿＿＿ 24.＿＿＿＿＿＿＿＿＿＿

25.＿＿＿＿＿＿＿＿＿＿ 26.＿＿＿＿＿＿＿＿＿＿

27.＿＿＿＿＿＿＿＿＿＿ 28.＿＿＿＿＿＿＿＿＿＿

29.＿＿＿＿＿＿＿＿＿＿ 30.＿＿＿＿＿＿＿＿＿＿

(請沿虛線撕下)

Chapter 1
記憶力大考驗

(共 24 組號碼，每猜對 1 組號碼得 10 分)

Q1-2 (1) 測驗前出示記憶卡 30 秒，之後將記憶卡覆蓋起來。

(2) ——出示記憶卡中的生物圖片，請學生寫出相關位置之號碼。

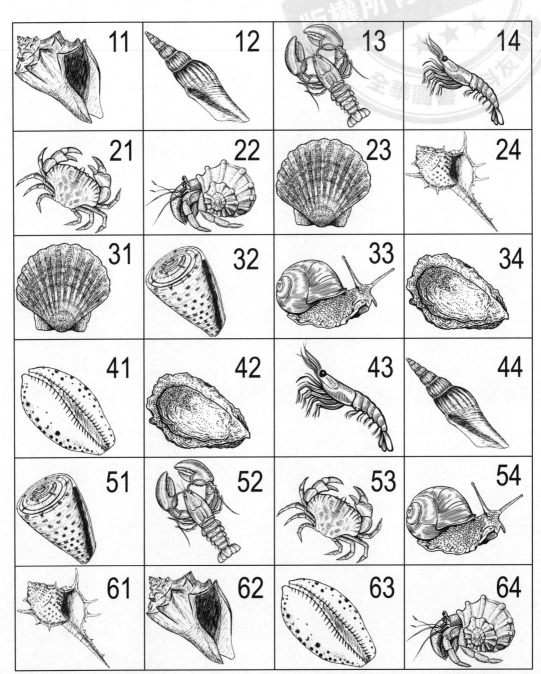

學習單

Chapter 2
心智圖策略

(總分 100 分，作答時間 50 分鐘。)

班級：_____

學號：_____

姓名：_____

日期：_____

Q2-1 如果您是一家機器人製造廠的創意執行長，請您利用心智圖與需求技法策略來激發自己與員工的創意點子，並藉此來完成分析與達成目標。

【心智圖與需求技法策略】

學習單

Chapter 2
地圖法策略

(總分 100 分，作答時間 50 分鐘。)

Q2-2 如果您要負責班級的畢業旅行規劃，請您利用地圖法來安排行程，藉此來完成分析與達成目標。

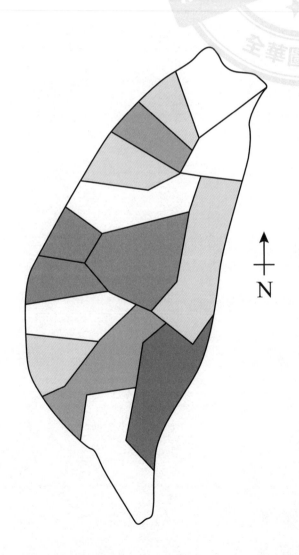

N

學習單

Chapter 3
SWOT 策略

(總分 100 分，作答時間 30 分鐘。)

班級：_____
學號：_____
姓名：_____
日期：_____

Q3-1 請就「如何提升小吃店的競爭力？」爲主題提出一個創意發想或點子來，並就該創意發想或點子，利用 SWOT 策略完成分析。

【主題】如何提升小吃店的競爭力？

【創意發想或點子】

【SWOT 策略】

優勢 (Superior)	劣勢 (Weak)

機會 (Opportunity)	威脅 (Threat)

評分

學習單

Chapter 3
ALU 策略

(總分 100 分，作答時間 30 分鐘。)

班級：_____
學號：_____
姓名：_____
日期：_____

Q3-2 請就「如何提升餐廳的競爭力？」的主題提出一個創意發想或點子來，並就該創意發想或點子，利用 ALU 策略完成分析。

【主題】如何提升餐廳的競爭力？

【創意發想或點子】

優點（Advantage）	限制（Limit）
1. 2. 3.	1. 2. 3.

獨特的聯結（Unique Links）：如何擴大優點以及如何改善缺點？
1. 2. 3.

具體辦法（Particular Solutions）
1. 2. 3.

學習單

Chapter 4
方塊填充測試

(總分 100 分，作答時間 10 分鐘。)

班級：＿＿＿＿＿＿
學號：＿＿＿＿＿＿
姓名：＿＿＿＿＿＿
日期：＿＿＿＿＿＿

Q4-1 下列圖式中分別有 2 塊方塊組、3 塊方塊組、4 塊方塊組與 5 塊方塊組各一塊，請依序將各方塊組放入或用彩色筆填滿下列空格中，空格中的黑色方塊不可移動外，填滿完成之方塊組與圖式不可重覆出現。

學習單

Chapter 4
尋寶遊戲 I

(總分 100 分，作答時間 5 分鐘。)

Q4-2 請在 5 分鐘內從下列圖式中找出 10 隻昆蟲。

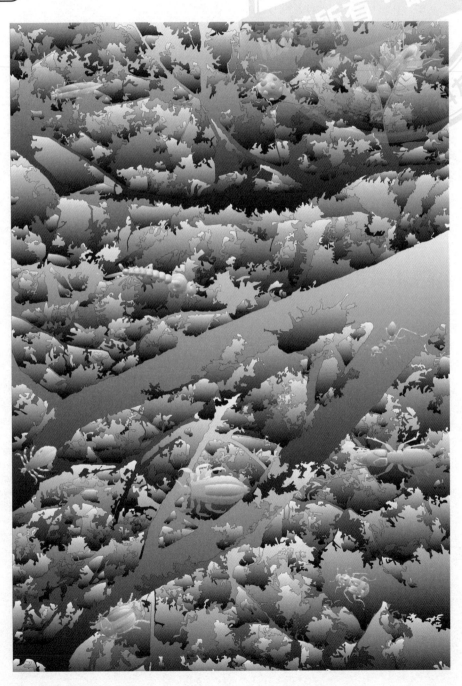

學習單

Chapter 4
尋寶遊戲 II

（總分 100 分，作答時間 5 分鐘。）

Q4-3 請在 5 分鐘內從下列圖式中找出 10 隻動物。

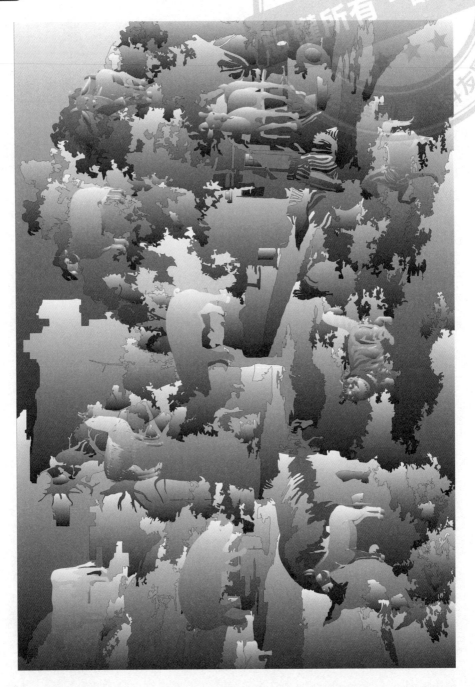

學習單

Chapter 5
另類造句測試

（總分 100 分，作答時間 20 分鐘。）

班級：＿＿＿＿＿＿

學號：＿＿＿＿＿＿

姓名：＿＿＿＿＿＿

日期：＿＿＿＿＿＿

Q5-1 請爲以下的動詞或名詞完成正常與另類造句。其中每一題造句至少要超過 10 個字，而且動詞或名詞之詞句不可拆開，必須前後連貫。另類造句時，可以同音不同字。

範例：

誠信【正常造句】：「誠信」是人、政黨與企業的第二生命。

誠信【另類造句】：台南市柳營區的鄉親阿誠信教了。

1. 信賴【正常造句】：＿＿＿＿＿＿＿＿＿＿＿＿＿＿＿＿＿＿＿＿＿。

2. 信賴【另類造句】：＿＿＿＿＿＿＿＿＿＿＿＿＿＿＿＿＿＿＿＿＿。

3. 賴皮【正常造句】：＿＿＿＿＿＿＿＿＿＿＿＿＿＿＿＿＿＿＿＿＿。

4. 賴皮【另類造句】：＿＿＿＿＿＿＿＿＿＿＿＿＿＿＿＿＿＿＿＿＿。

5. 皮革【正常造句】：＿＿＿＿＿＿＿＿＿＿＿＿＿＿＿＿＿＿＿＿＿。

6. 皮革【另類造句】：＿＿＿＿＿＿＿＿＿＿＿＿＿＿＿＿＿＿＿＿＿。

7. 革新【正常造句】：＿＿＿＿＿＿＿＿＿＿＿＿＿＿＿＿＿＿＿＿＿。

8. 革新【另類造句】：＿＿＿＿＿＿＿＿＿＿＿＿＿＿＿＿＿＿＿＿＿。

9. 新市【正常造句】：＿＿＿＿＿＿＿＿＿＿＿＿＿＿＿＿＿＿＿＿＿。

10. 新市【另類造句】：＿＿＿＿＿＿＿＿＿＿＿＿＿＿＿＿＿＿＿＿＿。

評分

學習單

Chapter 5
圖像作文測試

（總分 100 分，作答時間 10 分鐘。）

班級：＿＿＿＿
學號：＿＿＿＿
姓名：＿＿＿＿
日期：＿＿＿＿

Q5-2 請根據下列之圖像 1～4，寫一段短文。

【主題】大阪奈良公園的梅花鹿

1.

2.

3.

4.

【短文創作區】

評分

學習單

Chapter 5
店招創作測試 _ 早餐店

(總分 100 分，作答時間 50 分鐘)

班級：_____
學號：_____
姓名：_____
日期：_____

Q5-3 假設您是一家早餐店的老闆，近期想設計一塊具趣味或幽默性的店招，藉此吸引消費者的注意與來店消費。內容須包括店名、標語、圖像。

【早餐店 _ 店招創作測試】

店名：

標語：

圖式或圖像：

評分

學習單
Chapter 5
四格漫畫測試

(總分 100 分，作答時間 30 分鐘)

班級：＿＿＿＿＿＿
學號：＿＿＿＿＿＿
姓名：＿＿＿＿＿＿
日期：＿＿＿＿＿＿

Q5-4 請根據下列主題完成四格漫畫測試，其中每一格漫畫必須配上旁白。

【主題】：「我的期待」

建議繪製邏輯：正、正、正、反。

評分

學習單

Chapter 6
手做翻書測試

(總分 100 分，作答時間 50 分鐘。)

班級：＿＿＿＿＿

學號：＿＿＿＿＿

姓名：＿＿＿＿＿

日期：＿＿＿＿＿

Q6-1 取適當大小的白紙，在 24 個空格內完成以「籃球」爲主題之手做翻書，完成後裁切成適當大小，並依反順序（24、23、22……1）裝定成冊。範例如下：

【24 格的「一人籃球」手做翻書範例】

評分

學習單

Chapter 6
圖像特徵聯想

(總分 100 分，作答時間 30 分鐘。)

班級：＿＿＿＿＿
學號：＿＿＿＿＿
姓名：＿＿＿＿＿
日期：＿＿＿＿＿

Q6-2 請根據下列簡圖之動作特徵，聯想繪畫出符合該特徵的運動項目？

1.	1.	2.	2.
3.	3.	4.	4.
5.	5.	6.	6.
7.	7.	8.	8.
9.	9.	10.	10.

學習單

Chapter 6
圖像勾勒測試

(總分 100 分,作答時間 30 分鐘。)

班級:＿＿＿＿＿

學號:＿＿＿＿＿

姓名:＿＿＿＿＿

日期:＿＿＿＿＿

Q6-3 請根據下列之圖像 1~10,嘗試利用上題中之簡圖勾勒出圖像之特徵?

1.跳水	1.跳水	2.長跑	2.長跑
3.起跑	3.起跑	4.擲鐵餅	4.擲鐵餅
5.擲標槍	5.擲標槍	6.短跑	6.短跑
7.障礙賽	7.障礙賽	8.衝刺	8.衝刺
9.丟鉛球	9.丟鉛球	10.跳高	10.跳高

學習單

Chapter 7
需求技法策略

(總分 100 分，作答時間 30 分鐘。)

Q7-1 如果您是一家筆記型電腦製造商的創意執行長，請您利用需求技法策略來激發自己與員工的創意點子，並藉此來完成分析與達成目標。

1. 如何提高筆記型電腦與「食」有關的需求：

2. 如何提高筆記型電腦與「衣」有關的需求：

3. 如何提高筆記型電腦與「住」有關的需求：

4. 如何提高筆記型電腦與「行」有關的需求：

5. 如何提高筆記型電腦與「育」有關的需求：

6. 如何提高筆記型電腦與「樂」有關的需求：

7. 如何提高筆記型電腦與「生理與心理」有關的需求：

8. 如何提高筆記型電腦與「愛與被愛」有關的需求：

9. 如何提高筆記型電腦與「尊重與被尊重」有關的需求：

10. 如何提高筆記型電腦與「自我理想的實現」有關的需求：

學習單

Chapter 7
專利標的策略

(總分 100 分，作答時間 30 分鐘。)

班級：＿＿＿＿＿＿

學號：＿＿＿＿＿＿

姓名：＿＿＿＿＿＿

日期：＿＿＿＿＿＿

Q7-2 如果您是一家機電整合製造廠的創意執行長，請您利用專利標的策略來激發自己與員工的創意點子，並藉此來完成分析與達成目標。

1. 方法的改變：＿＿＿＿＿＿＿＿＿＿＿＿＿＿＿＿＿＿＿＿
＿＿＿＿＿＿＿＿＿＿＿＿＿＿＿＿＿＿＿＿＿＿＿＿＿＿＿＿
＿＿＿＿＿＿＿＿＿＿＿＿＿＿＿＿＿＿＿＿＿＿＿＿＿＿＿＿

2. 功能的改變：＿＿＿＿＿＿＿＿＿＿＿＿＿＿＿＿＿＿＿＿
＿＿＿＿＿＿＿＿＿＿＿＿＿＿＿＿＿＿＿＿＿＿＿＿＿＿＿＿
＿＿＿＿＿＿＿＿＿＿＿＿＿＿＿＿＿＿＿＿＿＿＿＿＿＿＿＿

3. 形狀的改變：＿＿＿＿＿＿＿＿＿＿＿＿＿＿＿＿＿＿＿＿
＿＿＿＿＿＿＿＿＿＿＿＿＿＿＿＿＿＿＿＿＿＿＿＿＿＿＿＿
＿＿＿＿＿＿＿＿＿＿＿＿＿＿＿＿＿＿＿＿＿＿＿＿＿＿＿＿

4. 構造的改變：＿＿＿＿＿＿＿＿＿＿＿＿＿＿＿＿＿＿＿＿
＿＿＿＿＿＿＿＿＿＿＿＿＿＿＿＿＿＿＿＿＿＿＿＿＿＿＿＿
＿＿＿＿＿＿＿＿＿＿＿＿＿＿＿＿＿＿＿＿＿＿＿＿＿＿＿＿

5. 裝置的改變：＿＿＿＿＿＿＿＿＿＿＿＿＿＿＿＿＿＿＿＿
＿＿＿＿＿＿＿＿＿＿＿＿＿＿＿＿＿＿＿＿＿＿＿＿＿＿＿＿
＿＿＿＿＿＿＿＿＿＿＿＿＿＿＿＿＿＿＿＿＿＿＿＿＿＿＿＿

6. 花紋的改變：＿＿＿＿＿＿＿＿＿＿＿＿＿＿＿＿＿＿＿＿
＿＿＿＿＿＿＿＿＿＿＿＿＿＿＿＿＿＿＿＿＿＿＿＿＿＿＿＿
＿＿＿＿＿＿＿＿＿＿＿＿＿＿＿＿＿＿＿＿＿＿＿＿＿＿＿＿

7. 色彩的改變：＿＿＿＿＿＿＿＿＿＿＿＿＿＿＿＿＿＿＿＿
＿＿＿＿＿＿＿＿＿＿＿＿＿＿＿＿＿＿＿＿＿＿＿＿＿＿＿＿
＿＿＿＿＿＿＿＿＿＿＿＿＿＿＿＿＿＿＿＿＿＿＿＿＿＿＿＿

學習單
Chapter 8
包裝製作測試

(總分 100 分，作答時間 20 分鐘。)

班級：_____

學號：_____

姓名：_____

日期：_____

Q8-1 請將下列圖像沿輪廓線剪下，並利用折疊方式使之成爲一個立體盒子。

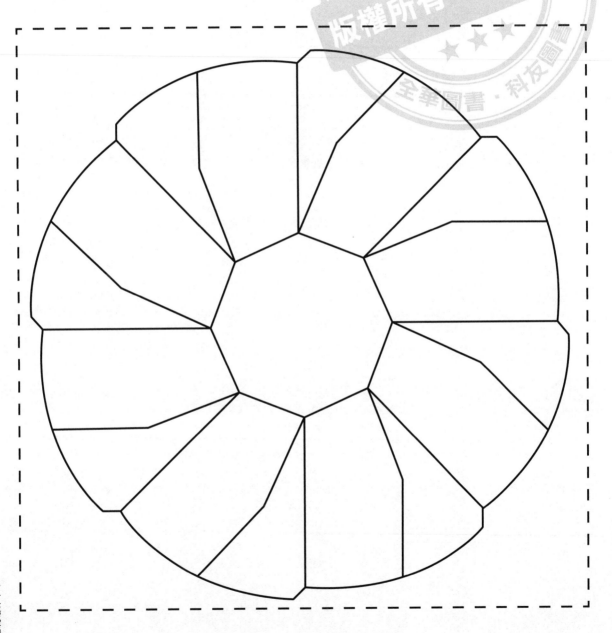

評分

學習單

Chapter 8
壓電發電 LED 燈製作競賽

(總分 100 分，作答時間 50 分鐘)

班級：_____
學號：_____
姓名：_____
日期：_____

Q8-2

【準備事項】

壓電打火機 1~2 支、3DCV LED 燈 1~2 顆、15cm 紅、黑電線各一條、焊槍一支 (含焊錫)、尖嘴鉗一支與撥線鉗一支。

【製作方法】

1. 先將壓電打火機內之瓦斯完全洩掉。

2. 利用焊槍在壓電打火機內之壓電打火柱下方燒一個洞或用電鑽鑽一個洞。

3. 利用尖嘴鉗撥開壓電打火機之蓋子；從壓電打火機內取出壓電打火柱。

4. 利用 15cm 紅、黑電線各一條焊接接上壓電打火柱正負極。

5. 將接上紅、黑電線之壓電打火柱放回壓電打火機之內，分別將紅、黑電線拉出打火機機殼之外，並且蓋上蓋子。

6. 拉出紅、黑電線之另一端分別接上 LED 燈之正負極。

7. 按壓打火機測試 LED 燈是否正常發亮。

8. 如果無法點亮 LED 燈，則依反順序方式置換 LED 燈正負極即可。

【競賽方式】

在最短時間之內完成壓電發電 LED 燈且可發亮者，可得 100 分。

(請沿虛線撕下)